Wie uns Yoga glücklich macht
Die heilende Kraft des Yoga in den Alltag integrieren

Meike Nachtwey

Meike Nachtwey

Wie uns YOGA glücklich macht

Die heilende Kraft des Yoga
in den Alltag integrieren

Deutsche Erstausgabe 2020
Copyright 2020 © Meike Nachtwey
Das Werk ist urheberrechtlich geschützt.
Jede Verwertung bedarf der ausschließlichen Zustimmung des Autors. Dies gilt insbesondere für die Vervielfältigung, Verwertung, Übersetzung und die Einspeicherung und Verarbeitung in elektronischen Systemen.

Publikation:
pure Verlag
Vladislav Kaufman
Königsbergstr. 6 | 97424 Schweinfurt
USt. ID: DE325190422
Kontakt: vk@kauf-cc.net

Covergestaltung und Satz: Wolkenart - Marie-Katharina Wölk,
www.wolkenart.com
Bildmaterial: ©Shutterstock.com
Lektorat: Martina Müller

ISBN: 9789403601038

Inhaltsverzeichnis

Vorwort: Vom Glück, Yoga mit Meike zu praktizieren	11
Ein kleiner Hinweis	14
Die Welt, Yoga und ich ... eine Bestandsaufnahme	16
Einleitung: Der Weg des Yoga	21
Karma Yoga: Glück durch selbstloses Handeln	26
Jnana Yoga: Glück durch die höchste Erkenntnis	27
Bhakti Yoga:	
Glück durch die bedingungslose Hingabe zu Gott	28
Raja Yoga:	
Glück durch die Verschmelzung mit dem Göttlichen	29
Hatha Yoga: Glück durch Selbsterkenntnis	31
Die fünf Säulen des Hatha Yoga	32
Der klassische Kundalini Yoga:	
Glück durch Erleuchtung und Freiheit	33
Kundalini Yoga nach Yogi Bhajan: Glück durch Bewusstheit	34
Was uns Yoga wirklich bringt	37
Selbstfürsorge - die Basis für Glück	42
Warum wir Selbstfürsorge verlernt haben	43
Wie du Selbstfürsorge in deinen Alltag integrierst	46
Erlaube dir, für dich zu sorgen	46
Übernimm Verantwortung für dich selbst	46
Sei achtsam mit dir	47
Erkenne und erfülle dir deine Bedürfnisse	48
Selbstfürsorge mit Achtsamkeit und Yoga	56
Der achtgliedrige Pfad des Patanjali:	
Ein Weg zum inneren Frieden	59
Yama - der Umgang mit der Umwelt	60
Ahimsa	61
Satya	61
Asteya	62
Brahmcarya	62

Aparigraha	63
Niyama – der Umgang mit sich selbst	**64**
Sauca	64
Samtosa	65
Tapas	65
Svadhyaya	66
Isvarapranidhana	66
Asana – der Umgang mit dem Körper	**67**
Pranayama – Regulierung des Atems oder Kontrolle der Lebensenergie	**69**
Pratyahara – Nach-innen-wenden der Aufmerksamkeit auf die Wahrnehmung	**70**
Dharana – die Konzentration auf eine Sache	**72**
Dhyana – die Meditation und das Loslassen	**73**
Samadhi – Eins-Sein, Glückseligkeit und vollkommene Freiheit	**74**
Yoga und Gesundheit	**76**
Wie Yoga glücklich macht	**80**
Pranayama – das Glück im Atem	81
Die Wirkung der Yoga-Atmung	83
Asana – das Glück im Körper	86
Standhaltungen – Stabilität im Innen und Außen gewinnen	89
Vorbeugen – das Zulassen und das Loslassen erlernen	90
Rückbeugen – das Herz öffnen	92
Seitbeugen – die Flexibilität fördern	95
Drehhaltungen – die Energie fließen lassen	95
Umkehrhaltungen – gute Laune durch neue Perspektiven	97
Meditation – ein gut erforschter Glücksbringer	99
1. Mehr Achtsamkeit und Geduld	100
2. Ein besseres Gedächtnis, Konzentration und geistige Flexibilität	101
3. Höhere Intuition und bessere Körperwahrnehmun	101
4. Verlangsamung des Alterungsprozesses	102
5. Verbesserter Schlaf	102
6. Verminderung des Schmerzempfindens	102

7. Verminderung des Blutdrucks	103
8. Stärkung des Immunsystems	103
9. Senkung des Cholesterinspiegels	103
10. Linderung von Migräne und Kopfschmerzen	103

Yoga und Glück - Eine Reise nach Innen — 105

Yoga in den Alltag integrieren — 116

Gute Laune mit Achtsamkeit	118
Mentale Kraft durch ein persönliches Mantra	119
Ziele erreichen mit Sankalpa	122
Die wichtigsten Yoga-Übungen für Glück und Frieden	125
Die Berghaltung (Tadasana) - innere Klarheit schaffen	126
Das Krokodil (Makarasana) - innere Ruhe erfahren	130
Die Totenhaltung (Savasana) - vollkommene Entspannung spüren	133
Die Wechselatmung (Nadi Shodana) - die Balance wiederfinden	136
Der Meditationssitz	139
Die Metta-Meditation - das Glück für dich und andere erzeugen	147
Das Heilmantra Ra Ma Da Sa - eine positive Lebenseinstellung schaffen	150

Wenn die Seele Hilfe braucht — 152

Burnout - einer der größten Glückskiller überhaupt	153
Depression - Wenn das Glück abhanden gekommen ist	157
Ängste - Wenn das Glück verborgen bleibt	161

Yoga als Therapie — 163

Yoga und Meditation bei Stress	164
Yoga und Meditation bei Burnout und Depression	165
Yoga bei psychosomatischen Symptomen und Ängsten	167
Yoga und Meditation bei schweren Erkrankungen der Psyche	168

Über mich — 177
Die bekanntesten Yoga-Stile — 179
Wichtige Yoga-Begriffe: sanskrit-deutsch — 188
Quellen- und Literaturverzeichnis — 192

Namasté

*Meine Seele verneigt sich vor deiner Seele.
Ich ehre den Ort in dir,
an dem das gesamte Universum wohnt.
Ich ehre das **Licht**, die Liebe, die Wahrheit,
die Schönheit und den Frieden in dir,
weil all das auch in mir ist.
Weil wir diese Dinge teilen,
sind wir miteinander verbunden,
sind wir gleich.
Wir sind eins.*

VORWORT: VOM GLÜCK, YOGA MIT MEIKE ZU PRAKTIZIEREN

Yoga gehört auch zu meinem Leben – inzwischen seit rund 25 Jahren. Den ersten Yogakurs buchte ich in meiner damaligen Ballettschule, ohne zu wissen, was mich erwartet, und war verblüfft, wie gut es mir tat. Später probierte ich mit Hormonyoga, Ashtanga und Yin Yoga verschiedene Formen aus, nahm ich immer wieder an Kursen teil, wenn es irgendwie in meinen Stundenplan zwischen Studium, Job und Freizeit hineinpasste. Während Freunde auch alleine für sich jeden Tag ihre Yogaübungen machen, besuche ich tatsächlich am liebsten einen Kurs und genieße das Yoga-Erlebnis in der Gruppe. Zu Hause Yoga zu machen, habe ich inzwischen fast aufgegeben (sobald ich mich dort auf die Yogamatte begebe, sind meine beiden Siamkatzen sofort zur Stelle, um „mitzumachen". Yoga scheint auf sie eine unwiderstehliche Anziehungskraft auszuüben).

In einer Gesellschaft, in der Leistung einen hohen Stellenwert hat, habe ich es immer genossen, beim Yoga kein bestimmtes Ziel erreichen zu müssen, sondern ganz bei mir sein zu können. Auf diese wunderbare Weise begleitet Yoga mein Leben und ist immer eine Bereicherung – mehr aber auch nicht. Meike hingegen machte Yoga irgendwann zu ihrem Leben.

Wir haben uns vor vielen Jahren bei der Arbeit kennengelernt – als Redakteurinnen im PR-Bereich. Ich schätzte sie als Kollegin und später auch als Freundin, die immer eine wunderbare Gesprächspartnerin war, die zuhörte und selbst viel zu sagen hatte. Auf der Suche nach mehr Sinn im Beruf entschied sie sich nach einiger Zeit, Heilpraktikerin für Psychotherapie zu werden – eine Aufgabe, die ich mir bei ihr sehr gut vorstellen konnte. Doch das war es noch nicht: Während der Ausbildung zur Yogalehrerin wurde ihr klar, dass Yoga sie nicht nur glücklich machte, sondern dass sie dieses Wissen auch an andere Menschen weitergeben wollte. Diese beiden beruflichen Wege führten so zu einer perfekten Synthese: Als Yoga-Therapeutin hilft Meike anderen, körperliche oder psychische Beschwerden zu lindern und glücklicher zu leben. Und sie unterstützt nicht nur andere – sie lebt es selbst. Auf der konsequenten Suche nach dem eigenen Glück und einem einfachen Leben, lässt sie vieles los und probiert Neues aus. Dass sie bald in einem Tiny House abseits der Stadt am Wasser leben wird, ist ein weiterer mutiger Schritt in diese Richtung.

Was für ein Glück, eine Freundin zu haben, die Yogalehrerin ist. Dass Meike das gut machen würde, war mir von vorneherein klar. Deshalb meldete ich mich vor ein paar Jahren gleich bei einem ihrer ersten Kurse an. Der fand zufällig auch noch in einer Bildungseinrichtung statt, die ich seit Jahren regelmäßig für verschiedene Kurse aufsuche: neues Lernen in Köln. Jetzt also auch für Yoga bei Meike. „Chill out! Gelassener mit Yoga" nennt sie ihre Stunde und trifft damit einen Nerv – nicht nur bei mir. Ihre Kurse werden gut besucht, viele Teilnehmer sind wie ich von Anfang an dabei.

Die Stunde ist anders als das, was ich bisher kannte: Während bei anderen Kursen eher der mehr oder weniger gleiche Ablauf von Asanas im Vordergrund stand, war jede Stunde von Meike anders. Übungsreihen aus dem Hatha- oder Kundalini-Yoga, vor allem aber Yin Yoga mit anschließender Meditation, bewirken bei mir nach einem anstrengenden Tag im Großraumbüro jedes Mal ein tiefes Gefühl der Entspannung und Erholung. Neu war für mich auch, dass Meike in ihrer Stunde im Hintergrund Mantra-Gesänge laufen lässt. Anfangs irritiert, merkte ich schnell, dass mir die Musik hilft, mich noch besser zu entspannen.

Meikes Yogaunterricht ist sehr vielschichtig, sie setzt verschiedene Schwerpunkte und passt sich auch schon mal den tagesaktuellen Bedürfnissen der Teilnehmer an. Sie gibt viele Anregungen, etwa zu weiteren Atem- oder Entspannungstechniken. So lernte ich bei Meike zum Beispiel Yoga Nidra neu kennen und schätzen. Sie vermittelt immer auch interessantes Hintergrundwissen und erklärt, wie die einzelnen Übungen auf Körper und Geist wirken – was immer eine zusätzliche Motivation ist –, ohne ins Dozieren zu geraten.

Der nächste logische Schritt zeichnet sich ab: Ein umfassendes Buch über Yoga, wie man damit zum eigenen Glück findet und dieses in den Alltag integriert. Als Profi-Redakteurin im Schreiben erklärt sie auf verständliche und kurzweilige Weise ihre eigene Yogaphilosophie und spannt dabei einen weiten Bogen über die Frage, was Yoga überhaupt ist, beschreibt die wichtigsten Quellen und Formen und was Yoga mit Selbstfürsorge – ein Thema, das sie auch in einigen ihrer Workshops in den Mittelpunkt stellt – und dem eigenen Glücksempfinden zu tun hat. Ein längeres Kapitel widmet Meike der Gesundheit und wie wir mit Yoga Krankheiten lindern oder heilen können. Das Buch ist keine praktische Anleitung für eine Yogastunde zu Hause – auch wenn viele Übungen beschrieben werden –, sondern vielmehr eine Anregung, aus dem, was man vielleicht schon jahrelang praktiziert (oder praktizieren möchte), mehr zu machen. Deshalb ist das Buch für alle geeignet – Anfänger und fortgeschritten Yogis sowie alle, die mehr über die Jahrtausende alte Heilwirkung von Yoga wissen wollen.

Ich schreibe diese Zeilen, während draußen die Corona-Pandemie Menschen weltweit Angst und Sorge bereitet. In einer Zeit, in der es sich ganz besonders lohnt, sich mit Yoga zu beschäftigen und dieses Buch als Anregung oder Aufforderung zu lesen, sich und der Welt etwas Gutes zu tun.

Durch Meikes Buch wünsche ich Ihnen, lieber Leser, eine gute Lektüre sowie viel Erfolg auf dem Weg zu einem glücklicheren Leben mit Yoga.

Namasté!

Geschrieben von Britta (begeisterte Freizeit-Yogini und gute Freundin von Meike Nachtwey)

P. S.: Warum Yoga auf Katzen so eine anziehende Wirkung hat, ist übrigens ein Phänomen, das in diesem Buch nicht geklärt wird.

EIN KLEINER HINWEIS

Alle in diesem Buch genannten Informationen und Anregungen sind sorgfältig recherchiert und nach besten Wissen und Gewissen von mir zusammengestellt. Ich möchte dir damit Möglichkeiten für einen guten Umgang mit dir selbst aufzeigen und dich inspirieren und ermutigen, Neues auszuprobieren. Sie stellen jedoch keine therapeutischen Empfehlungen dar. Bitte entscheide selbst, wie tief du dich auf die in diesem Buch enthaltenen Hinweise einlassen und inwieweit du sie umsetzen möchtest. Achte dabei gut auf dich!

Früher war Yoga eine sogenannte Geheimwissenschaft, deren Inhalte nur von Yoga-Meistern an ihre Schüler in direkter Unterweisung weitergegeben wurden. Dies diente auch dem „Schutz" der Praktizierenden, da Yoga aufgrund seiner Kraft starke körperliche, seelische und geistige Wirkungen entfalten kann. Diese können Yogis damals wie heute verwirren oder ängstigen. Von beispielsweise überschwänglicher Euphorie über unkontrollierbare Lachanfälle bis hin zu tiefer Traurigkeit sind vielfältige Reaktionen möglich. Solche extremen Wirkungen sind jedoch selten, viel wahrscheinlicher bewirkt Yoga bei dir Entspannung, gute Laune, eine bessere Körperwahrnehmung und ein gesteigertes Wohlbefinden. Dies ist auch Ziel meines Yogaunterrichts, sowohl in Einzelsessions als auch in größeren Klassen, in Wochenend-Workshops wie in Yoga-Reisen und -Retreats und im Business-Yoga: zu vermitteln, wie uns Yoga glücklich macht.

Sollten aber Beschwerden oder Krankheitsgefühle auftreten, bitte ich dich, einen Arzt oder Psychologen zu konsultieren. Gern kannst du dich auch an mich wenden, als ausgebildete Yoga-Lehrerin und Yoga-Therapeutin sowie Heilpraktikerin (Psychotherapie) habe ich mich auf die Therapie von Depressionen, Angst- und Essstörungen spezialisiert und werde mein Möglichstes tun, um dir zu helfen.

Du erreichst mich unter:
praxis@fraunachtwey.de
www.fraunachtwey.de

Lokah samastah sukhino bhavantu!
***
Mögen alle Wesen glücklich und frei von Leid sein!

DIE WELT, YOGA UND ICH ... EINE BESTANDSAUFNAHME

Als ich gefragt wurde, ob ich ein Yoga-Buch schreiben möchte, dachte ich: „Was? Noch ein Yoga-Buch? Es gibt schon sooo viele! Und das wichtigste steht sowieso in den alten Schriften. Was kann ich darüber hinaus wohl noch Sinnvolles zum Thema Yoga beitragen?"

Und dann dachte ich darüber nach, wie sehr Yoga mein Leben verändert hat, besonders in der Zeit der Ausbildung zur Yogalehrerin und -therapeutin. Das beginnt bei „Äußerlichkeiten" wie bei meinem Beruf, meiner Wohnung und beim Umgang mit anderen Lebewesen, geht über innere Einstellungen gegenüber dem Leben im Allgemeinen und im Speziellen bis hin zu meinen innersten Emotionen und meiner – bis dahin ungelebten – Spiritualität und Hochsensibilität.

So lebe ich seither weitestgehend vegan, was meine Ernährung betrifft, immer minimalistischer, was Besitz angeht, übe „Berufe" aus, die tatsächlich Berufung sind und in denen sich viele meiner Fähigkeiten vereinen, pflege einen kleinen und feinen Freundeskreis und habe das spannende Konzept von Claus Eurich „Aufstand für das Leben" für mich entdeckt, welches auf einem einfachen, gewaltfreien und am eigenen Gewissen orientierten Lebensstil basiert. Hier ist ein wichtiger Auszug aus seinem Manifest:

> *Wir leben in einer sehr besonderen Epoche der Menschheitsgeschichte und vermutlich entscheidet sich jetzt gerade die Zukunft unserer Gattung. Einerseits ist es nötig, sich ungeschönt all die negativen Entwicklungen vor Augen zu führen, zugleich aber auch Mut und Hoffnung zu bewahren. Denn die Zerbrechlichkeit unserer Lage ist die notwendige Voraussetzung für eine schöpferische Weiterentwicklung.*

Das mögliche Neue zeigt seine Konturen erst im Erfahren und Aushalten des Gegenwärtigen und damit in dem Mut, das Sein – so wie es ist – anzunehmen.

Eine bessere Zukunft ist möglich – für die Erde, für den Menschen, für jeden von uns. Doch um die Kraft dafür aufzubringen, müssen wir wissen, wohin wir gehen und wie wir leben wollen, wie wir Eintracht und Verbundenheit mit dem Leben an sich gestalten wollen. Was ist wünschbar und wertvoll, und was ist ungut und lebensfeindlich? Wir brauchen neben der Liebe zum Leben in all seinen Facetten Klarheit und Entschiedenheit, um die notwendigen Schritte zu setzen. Und wir brauchen das Wissen darum, dass wir nicht allein sind auf diesem Weg, dass wir uns finden und begleiten, uns ermutigen und tragen. So können wir auch eine Einladung an immer mehr Menschen sein, ihre Ohnmachtsgefühle, ihre Wut über die Respektlosigkeit gegenüber aller Zerstörung des Lebens und das Leiden daran zu überwinden und sie zu verwandeln in mitfühlendes Tun.

In diesem Sinne haben wir uns auf den Weg gemacht. Wir sprechen von einem »Aufstand«. Damit ist gemeint: Wir stehen auf für die gelebte Solidarität mit allem Leben und allen Lebensformen. Wir zeigen Haltung, sehen nicht weg, verschweigen nicht, handeln klar, solidarisch und gewaltfrei, wo immer uns das möglich ist. Wir setzen dem lebensfeindlichen Denken und Handeln in unserer Kultur etwas entgegen: die liebevolle Verbundenheit mit allem Sein.

Dieser Aufstand ist still und kommt von Herzen. Er benötigt keine Medienpräsenz und keine konventionellen politischen Kampfformen. In ihm verbinden sich Menschen, die Entschiedenheit vereint, was die Analyse des Zustands unserer Erde betrifft und die Einsicht in notwendiges Handeln. Es sind Menschen, die von dem Anliegen geführt sind, die in unserer Zeit ein Licht sein wollen, im Bewusstsein der eigenen Schatten. Es sind Menschen, die sich als Diener des Lebens verstehen

– in Verletzlichkeit und Konsequenz. Und sie leben im Bewusstsein spiritueller Beheimatung, eines tiefen Getragen- und Verbundenseins, ohne dies definieren zu müssen.[1]

Dieses tiefe Getragen- und Verbundensein erlebe ich durch das Praktizieren von Yoga. Ich orientiere mich dabei an den alten Schriften, der Bhagavad Gita, den Yoga-Sutras von Patanjali und dem traditionellen Hatha Yoga, wie ich es von meinen beiden höchst kompetenten Lehrern gelernt habe.

Dass Yoga darüber hinaus eine heilende Wirkung hat, und zwar nicht nur auf körperlicher, sondern auch und vor allem auf der psychischen und emotionalen Ebene, habe ich erfahren, als ich mit einer tiefen Depression kämpfte. Ich hatte jegliche Hoffnung verloren, war voller Ängste und Zweifel, mein Selbstwertgefühl war nicht mehr vorhanden und der „schwarze Hund" war mein ständiger Begleiter. In den schwärzesten Zeiten war ich noch nicht mal mehr in der Lage, zum Yogakurs zu gehen, obwohl ich genau wusste, wie gut er mir tut. Dank einer ganz hervorragenden Psychoanalytikerin, eines fachlich und menschlich herausragenden Psychiaters und meiner beiden allerliebsten Menschen – meinem Mann und meinem Sohn – schaffte ich es jedoch, mir Hoffnung, Antrieb und Lebenssinn zurückzuerobern.

Yoga half mir, meine innere Ruhe und Gelassenheit wiederzufinden, den Fokus auf das Hier und Jetzt zu legen, mich als Teil eines Größeren zu erkennen und wahrzunehmen und das Vertrauen in das Leben zurückzugewinnen. Als Heilpraktikerin (Psychotherapie) und Yogalehrerin versuche ich nun, andere an meinen Erfahrungen, meinem Wissen, meinen Gedanken und meiner Hoffnung teilhaben zu lassen. Menschen, die auf der Suche sind, einen Raum zu geben, in dem sie ihre eigenen Erfahrungen machen, sich entfalten und aufblühen dürfen. In dem sie zu sich und ihr Glück finden und ganz sie selbst sein dürfen. Getragen von Respekt, Wertschätzung und Wohlwollen.

Mit diesem Buch möchte ich dir zeigen, wie Yoga dich glücklich machen kann. Darum findest du darin neben vielen Informationen, Hintergrundwissen und

Theorie zu Yoga, Glück, Selbstfürsorge und Gesundheit immer wieder Fragen, die dich anregen sollen, zum Innehalten und zum Reflektieren. Um eine Bestandsaufnahme zu machen und herauszufinden, in welchen Bereichen es hakt und wo du noch besser für dich sorgen kannst.

Darüber hinaus findest du konkrete Anregungen, wie du die Fürsorge für dich selbst (wieder) übernehmen kannst. Im Glücksplaner auf Seite 111 zum Beispiel habe ich kleine praktische Tipps für dich, von denen dich jeder deinem Glück einen Schritt näherbringen kann. Diesen kannst du dir sehr gern kopieren und als Erinnerung an deinen Kühlschrank oder Badezimmerspiegel pinnen. Damit du jederzeit eine Idee hast, was du dir heute Gutes tun kannst.

Und schließlich habe ich dir ein paar Yoga-Übungen herausgesucht, die du auch als Anfänger*in mit ein bisschen Übung praktizieren kannst. Neben einfachen, aber wirkungsvollen Asanas, meiner Lieblingsatemübung Nadi Shodana und einer Meditation zur Liebenden Güte gibt es das Heilmantra RA MA DA SA aus dem Kundalini Yoga nach Yogi Bhajan, das besonders beim kraftvollen Mitsingen dein Herz berühren und deine Stimmung positiv beeinflussen kann.

Und wenn dir Mantrasingen zu esoterisch daherkommt: Als langjähriger Fan der „Fantastischen Vier" durfte ich – natürlich mit ihrer Erlaubnis – am Schluss den Text ihres Songs „Krieger" abdrucken, der für mich die Essenz des Yoga als Weg zum Glück auf fantastische Art und Weise beschreibt.

Ich wünsche dir eine interessante Lektüre mit neuen und spannenden Erkenntnissen und viel Spaß und gutes Gelingen bei der Umsetzung und Integration in den Alltag,

deine Meike

*Don't practice Yoga to get better at Yoga.
Practice Yoga to get better at living.*

EINLEITUNG: DER WEG DES YOGA

Yoga ist eines von sechs traditionellen indischen Philosophiesystemen[2], das vor Tausenden von Jahren entstand. Schon etwa 5.000 Jahre alte Abbildungen, bronzezeitliche Funde aus dem Indus-Tal, zeigen Figuren in klassischer Meditationshaltung. In den altindischen Texten, den Veden (um 1500 v. Chr.), wird bereits das Wort „Yoga" erwähnt und später (etwa 1000 v. Chr.) in den sogenannten Upanischaden, dem jüngsten und letzten Teil der Veden, als Begriff für Meditation und Atemkontrolle benutzt.[3]

Die indischen Epen Ramayana und Mahabharata, geschrieben um ca. 300 v. Christus, gelten als weitere zentrale Texte in der Entstehungsgeschichte des Yoga. Beide in Sanskrit verfassten Geschichtszyklen nehmen denselben einzigartigen Stellenwert für die indische Literatur ein, wie Homers Epen „Odyssee" und „Ilias" für die griechische Frühzeit (dabei ist die Mahabharata sieben Mal so lang wie die Odyssee und die Ilias zusammen). Yoga wird hier als praktische Weiterführung des philosophischen Systems des Sankhya (sprich: Samkia) erwähnt.

Bei dem ursprünglichen Sankhyasystem handelt es sich um eine spirituell-kosmische Evolutionslehre (etwa 700 v. Chr.), die die indische Spiritualität zum großen Teil mitgeprägt hat. Anhand von 25 *Tattvas* (Grundprinzipien) wird das Universum und alles, was sich darin befindet, aufgezählt.

Die Bhagavad Gita gilt als „heilige" Schrift im Hinduismus und im Yoga. Als sechstes, vergleichsweise kurzes Kapitel der Mahabharata, wird sie als episches Gedicht über Yoga verstanden und hat sich zu einem der drei wichtigsten Hauptquellen für die Philosophie des Yoga, zusammen mit Patanjalis Yoga Sutras und der Hatha Yoga Pradipika entwickelt. Die einzelnen Kapitelüberschriften der

Gita unterscheiden bereits zwischen unterschiedlichen Arten von Yoga, wie Karma Yoga, Jnana Yoga, Dhyana Yoga und Bhakti Yoga.

Aber es ist vor allem der Dialog zwischen dem Helden Arjuna, der nicht in den Krieg ziehen will, und dem Gott Krishna, der sich als sein Wagenlenker „verkleidet" hat, der die „Gita" zum Lieblingstext aller Yogis, aber auch europäischen Denkern und Philosophen wie Humboldt oder Schopenhauer werden ließ.

Die Frage, wie wir handeln wollen und müssen, was unsere Pflicht ist, und welche Rolle die Konsequenzen unserer Handlungen spielen, hat eine ethische Diskussion angestoßen, die unter dem Begriff „Karma Yoga" zusammengefasst heute auch Nicht-Yogis geläufig ist.

In der Bhagavad Gita werden etwa achtzehn verschiedene Arten von Yoga aufgezählt. Heute kennt man davon noch Jnana Yoga (die Suche nach dem wirklichen Wissen), Bhakti Yoga (der Yoga der Hingabe an eine höhere Macht), Mantra Yoga (der Yoga der magischen Silben), Raja Yoga (der „königliche" Yoga), Kriya Yoga (alles, was wir üben können), Hatha, Kundalini und Tantra Yoga (allen dreien liegt das Konzept der Kundalini-Energie zugrunde) sowie Karma Yoga.

Die Bhagavad Gita erklärt, was Karma (Handeln) für uns bedeutet: Wir müssen handeln, denn das ist unsere Bestimmung im Leben, sollen es aber tun, ohne nach den Ergebnissen unserer Handlung zu schielen. Unsere Handlungen sollen also nicht durch bestimmte Erwartungen motiviert werden, sondern wir handeln aus Liebe[4].

Geschätzt 400 bis 200 Jahre v. Chr. verfasste der indische Gelehrte Patanjali sein grundlegendes Werk „Die Yoga-Sutras". Darin fasst er in 195 Lehrversen in Form von Aphorismen und kurzen Aussagen die Yoga-Philosophie zusammen und ordnet sie zu einem achtgliedrigen Übungsweg (Sanskrit: Ashtanga), der bis heute im traditionellen Yoga praktiziert wird. Patanjali beschreibt darin Yoga nicht nur als Wissenschaft, sondern auch als einen (spirituellen) Lebensweg mit verschiedenen Übungen und dem Ziel der Befreiung und Loslösung von allen Anhaftungen, somit dem Sein im Hier und Jetzt[5].

Der Sanskritbegriff „Yoga" ist auf die indogermanische Wurzel „yug" zurückzuführen, die mit „Joch", aber auch mit „sich vereinigen", „sich verschmelzen" oder „in Einklang bringen" übersetzt werden kann. Der Begriff Yoga kann also sowohl „Vereinigung" oder „Integration" bedeuten, als auch im Sinne von „Anschirren" (vgl. „jochen") des Körpers an die Seele zur Sammlung und Konzentration bzw. zum Einswerden mit dem Bewusstsein verstanden werden.

Yoga ist demnach vor allem ein innerer Zustand. In diesem Zustand „vereinigt sich" das Individuelle mit dem Universellen, der Mikro- mit dem Makrokosmos, der Körper mit der Seele und es verbinden sich das männliche und das weibliche Prinzip, aus denen das menschliche Wesen und das ganze Universum gebildet sind. Diese Verschmelzung erzeugt in uns ein Gefühl der Einheit, der Zeitlosigkeit, der tiefen Ruhe und offenbart uns neben der Selbsterkenntnis die innere Erkenntnis der universellen zeitlosen Weisheit. Patanjali beschreibt diesen Zustand bereits im zweiten Sutra: Yoga ist der innere Zustand, in dem die seelisch-geistigen Vorgänge zur Ruhe kommen[6]. Oder anders gesagt: Yoga ist Meditation. Wie dieser meditative Zustand nun erreicht werden kann, zeigt Patanjali bereits in seinem dritten Sutra kurz und knapp auf: Durch Übung und Loslösung kommen die Gedanken zur Ruhe[7].

Der authentische, traditionelle, ursprüngliche Yoga ist also eher eine alte Erfahrungswissenschaft jenseits aller religiösen Systeme. Und der Zugang zu dieser Philosophie, die am Ende absolute Freiheit und sogar Erleuchtung verheißt, ist durch die eigene Praxis des Yoga jedem zugänglich. Dabei bildet Meditation zum einen den inneren Kern jeder Yogaübung. Zum anderen stärkt das Üben der Körperhaltungen (Asanas) den Körper für das lange Sitzen in der Meditationspraxis.

Das letztendliche Ziel des Yogaweges ist die allmähliche Bewusstwerdung und Offenbarung des göttlichen Funken, der in jedem Menschen existiert, die Rückkehr zum Zustand der völligen Freiheit von Sorgen, Begierden, Wünschen, Ängsten und das Erleben eines äußerst entspannten und seligen Bewusstseinszustandes, der im Yoga Samadhi genannt wird.

Durch das Erreichen dieses Zustandes, der auch als „Erleuchtung" definiert wird, erfährt der Yogi seine Vollkommenheit und die Verschmelzung seines eigenen Wesens mit dem universellen, makrokosmischen Wesen (Gott oder Brahman), das Eins-Sein mit allem. Hier erfährt er wahres Glück.

Ursprünglich bezweckte Yoga also das Vertiefen der Selbstkenntnis, um sich schließlich seines eigenen höchsten, göttlichen und unsterblichen Selbst (Seele, göttlicher Funke oder Atman) bewusst zu werden. Dieses höchste Selbst, das im Menschen allgegenwärtig ist, wird durch Yoga von den Begrenzungen des persönlichen, vergänglichen, begrenzten und nur auf sich bedachten Ich (Ego) befreit[8].

Ab etwa 500 n. Chr. breitete sich die Lehre des Tantrismus aus. Er gilt als revolutionär, da bis dahin die Askese vorherrschend war, in der es vorrangig war, alles Weltliche, vor allem Sexualität, zu überwinden. Der menschliche Körper, besonders der weibliche, mit all seinen Funktionen wurde als unrein angesehen.

Die tantrische Lehre geht davon aus, dass über die energetische Ebene alles miteinander untrennbar verbunden ist, so spiegelt sich das Kleine im Großen und umgekehrt. Alles Geschehen im Universum hat somit eine Auswirkung auf das Ganze, da alles miteinander verwoben ist. Demzufolge offenbart sich auch das Göttliche in allem und in jeder möglichen Form. Grundgedanke des Tantrismus ist es also, die Natur mit seinen vielfältigen Erscheinungen zu verehren und mit allen Sinnen zu genießen. An die Stelle von Askese tritt im Tantra nun Freude, ritueller Genuss, Sinnlichkeit und eine dem Leben und der Natur zugewandte Einstellung als Grundlage für spirituelles Wachstum[9].

Patanjali schrieb in seinen Yoga Sutras bis auf eine „stabile und glückliche Sitzhaltung" (Sutra II) für die Meditation jedoch nichts über konkrete Yoga-Positionen (Asanas). Das erfolgte erst in der Hatha Yoga Pradipika, einem Text von Swatmarama aus dem 14./15. Jahrhundert, der mit der Lehre vom Hatha Yoga Körperübungen als Voraussetzung zur Erreichung des Yoga-Ziels beschribt. Anders als Patanjali besteht der Ansatz der Hatha Yoga Pradipika darin, vom

Körper auszugehen und die Reinigung desselben zur Grundbedingung für jede weitere spirituelle Entwicklung zu machen.

Swatmarama lässt dabei ethische und moralische Gesichtspunkte außer Acht, ebenso Selbstkontrolle und Disziplin. An erster Stelle steht für ihn die Reinigung des Körpers. Damit meint er jedoch nicht unser heute übliches Duschen oder Baden, sondern verschiedene Reinigungstechniken (Kriyas) zur inneren Reinigung des Körpers. Dafür nennt er sechs sogenannte Shatkarmas[10], wie zum Beispiel das Einführen eines Stückes Stoff, um die Atemwege zwischen Mund und Nase zu reinigen (Neti) oder die Darmspülung (Basti)[11].

Aus dem späten 17. Jahrhundert stammt die sogenannte Gheranda Samhita, die ebenfalls zu den klassischen Hatha Yoga-Texten zählt und der umfassendste Text zur Yogapraxis ist. Hierin werden ebenfalls Reinigungstechniken (Kriyas), Körperübungen (Asanas), Techniken zur Energielenkung im Körper (Mudras), Atemtechniken (Pranayama), Konzentrationsübungen (Pratyahara), Meditationsübungen (Dhyana) und schließlich Übungen, die zur Erleuchtung (Samadhi) führen, beschrieben.

Ziel aller ursprünglichen Yogalehren ist es, den Menschen bei der Suche nach tieferer, absoluter Wahrheit (Erleuchtung) zu unterstützen. Dabei geht Yoga davon aus, dass dasselbe Prinzip hinter allen spirituellen Richtungen steht, die nur verschiedene Wege zum gleichen Ziel darstellen. Somit haben auch die großen Yogis und Meister ihre eigenen Wege beschritten und es kristallisierten sich je nach ihrer Persönlichkeit schon früh verschiedene Yoga-Pfade heraus[12]. Im Folgenden findest du kurze Beschreibungen zu den wichtigsten Pfaden. Alle haben auf der tiefsten Ebene gemeinsam, dass sie Glück, Liebe und Frieden anstreben.

KARMA YOGA: GLÜCK DURCH SELBSTLOSES HANDELN

Karma Yoga nennt sich der spirituelle Pfad der vollständig losgelösten Handlung, der dem Praktizierenden die Möglichkeit bietet, sich spontan mit den kosmischen Energien zu verbinden. Er findet unter diesem Namen erstmals Erwähnung in der Bhagavad Gita, obwohl davon auszugehen ist, dass die Tradition dieses spirituellen Pfades viel weiter zurückreicht. Durch die Bewusstwerdung seiner Pflichten und daraufhin folgend der Ausführung dieser oftmals alltäglichen Handlungen ohne Anhaftung und ohne Verlangen nach Resultaten, reinigt der Karma-Yogi beständig seinen Geist von der Illusion des „Getrennt-Seins" von Gott, allen Lebewesen sowie Dingen und beschleunigt so seine spirituelle Evolution. Er wird sich durch die Praxis der selbstlosen „guten Tat" seiner Einbindung in das Ganze bewusst.

Dabei ist es ausschlaggebend, dass der Yogi aktiv ist und bewusst handelt im Gegensatz zu anderen spirituellen Wegen, die oft die Entsagung von der Welt predigen. Außerdem muss die Handlung passend sein sowohl für den jeweiligen Moment als auch für den Yogi, sodass dieser sich mit seiner und durch seine Aktivität in die göttliche Harmonie integriert. Die Loslösung seines Wesens von Aktion und Wirkung wird durch die Widmung derselben an das Göttliche erlangt. Sobald Herz und Geist einen ausreichenden Reinheitszustand erreicht haben, wird der Yogi ein perfektes und überbewusstes Instrument Gottes und ist somit in der Lage, sein Bewusstsein über die eigene Persönlichkeit hinaus zu erweitern und das göttliche Bewusstsein zu erfahren.

Der Karma Yogi bedient sich dabei keiner Lehrsätze oder Theorien, er denkt nicht über metaphysische Spekulationen nach oder darüber woher er kommt und was er ist. Er ist vollständig in der Tat und gleichzeitig völlig losgelöst von ihr. Sein Ziel ist die Erkenntnis und Verwirklichung seines Selbst durch die Verschmelzung mit dem Göttlichen durch dynamische Selbstlosigkeit.

Karma Yoga heißt, gleichmütig zu sein in Erfolg und Misserfolg, nicht an den

Früchten der Handlungen zu hängen, klug zu planen, geschickt nachzudenken und mit vollem Engagement und ganzem Herzen die Handlung durchzuführen. Wichtig ist, dass wir unsere Handlung im Bewusstsein erfüllen, Teil des Ganzen zu sein, und uns über diese Art von Einstellung zum Ganzen zu entwickeln. Nicht ich, sondern Körper und Geist handeln. Körper und Geist sind Teile des kosmischen Körpers und kosmischen Geistes, werden also in Wahrheit gar nicht von mir gesteuert. Jede dieser Handlungen sollte unter Beachtung der Yamas und Niyamas (siehe Kapitel **Der achtgliedrige Pfad des Patanjali**) durchgeführt werden.

Als Karma Yogi handelst du also in Ruhe mit innerem Gleichmut und über deinem Ego stehend.

JNANA YOGA: GLÜCK DURCH DIE HÖCHSTE ERKENNTNIS

Auf diesem spirituellen Weg wird das höchste Ziel – die Erkenntnis des Eins-Seins mit Gott – durch wahres Wissen oder Weisheit und die klare Unterscheidung (Viveka), was wirklich und was nicht wirklich ist, erreicht. Alle Yogapfade sprechen vom Nicht-Wissen (Avidya) als Ursache von Unfreiheit und dem damit verbundenen Zyklus der Wiedergeburten. Die Praxis des Jnana Yoga erhellt diese Unwissenheit mit reiner Erkenntnis durch die Vereinigung mit den höchsten Energien des Supramentalen (Vijnana), durch die Beschäftigung mit den immer währenden Fragen wie: „Wer bin ich?", „Woher komme ich?", „Wohin gehe ich?", „Was ist der Sinn des Lebens?".

Ein Jnana-Yogi ist dauerhaft bestrebt in all seinen Handlungen, Gefühlen und Gedanken sich seiner inneren Natur bewusst zu werden und sein Höchstes Selbst zu offenbaren. Ein Hauptwerkzeug ist dabei die stille Meditation gerichtet auf das Höchste Selbst (Atman). Diese Meditation findet Unterstützung durch das Hören der Lehren über die Einheit von Allem (advaita vedanta), die Reflexion dieser Lehren im innersten Wesenskern, die wohltuenden Resonanzphänomene, die auftreten durch das Zusammensein mit dem befreiten spirituellen Lehrer (sat-guru), und durch die ernsthafte Selbstergründung (atma vichara) durch die Frage: „Wer bin ich?". Dabei zählt alles, was durch den Intellekt verstanden werden kann, nicht als endgültige Antwort (neti neti – nicht dieses, nicht jenes), da die unveränderliche Wahrheit immer nur reines Subjekt und nicht ein von außen benennbares Objekt sein kann.

Durch die Unterscheidung von dem, was das Wesen als Individuum repräsentiert – und im Unwissenden die falsche Identifikation ausmacht – und dem, was das Wesen im höchsten Aspekt seiner Göttlichkeit wahrlich ist, expandiert das Bewusstsein über alles hinaus, was Veränderung und Verfall unterliegt und wird letztendlich untrennbar und ewig eins mit dem Höchsten Selbst (Atman), das nicht unterschiedlich ist vom Höchsten universellen Selbst (Brahman). Der im Westen bekannteste Vertreter dieser Yoga-Richtung ist Ramana Maharishi, dessen Lehre durch die Bücher von Paul Brunton im Westen verbreitet wurde.

BHAKTI YOGA: GLÜCK DURCH DIE BEDINGUNGSLOSE HINGABE ZU GOTT

Auch dieser Yoga zählt zu den klassischen Yogawegen und dient oftmals als Ergänzung zu Jnana Yoga und Karma Yoga. Ein Bhakti-Yogi ist in der Lage, sich durch die Liebe und Hingabe zu Gott (d. h. auch zu einer göttlichen Inkarnation, einem spirituellen Meister oder dem göttlichen Funken, der in jedem von uns als das Höchste Selbst Atman existiert) im Geist und im Herzen mit der unendlichen, universellen Liebe zu vereinigen. Dies löst, wie auf dem Pfad des Karma Yoga, die Grenzen des individuellen Bewusstseins auf und macht den Zustand des Kosmischen Bewusstseins erfahrbar.

Die Hingabe zu Gott lässt den Bhakti-Yogi die Realität der göttlichen Gnade und die Realität Gottes in allem verstehen. Der göttliche Funke entflammt in seinem Wesen und reinigt ihn, sodass er zum Instrument göttlichen Wirkens wird. Hingabe und göttliche Gnade bedingen einander: Hingabe zieht die

Gnade an, und die Gnade vollendet die Hingabe. Hingabe beginnt mit der Reinigung des Herzens. Sie wird von der Gnade vollendet, sodass Gottes Wille sich ohne Widerstand in unserem Wesen manifestieren kann.

Die Kraft der Liebe zu Gott läutert das Herz des Praktizierenden. Egoistische Aspekte wie Eifersucht, Hass, Lust, Zorn, Stolz und Arroganz werden beseitigt, Sorgen, Plagen, Ängste, geistige Qualen und Aufregungen verschwinden gänzlich. Stattdessen finden Freude, göttliche Ekstase, Wonne, Frieden und Erkenntnis Platz in seinem Wesenskern.

Ramakrishna, einer der großen Yoga-Weisen Indiens, empfahl seinen Zuhörern, den Weg der Liebe und Verehrung Gottes zu gehen. Er gab seinen Schülern nie systematischen Yoga-Unterricht. Er war ein Heiliger, versunken in der Liebe zu Gott. Allein seine Anwesenheit genügte, dass seine Schüler und Verehrer die göttliche Kraft erfahren konnten und auf ihrem spirituellen Weg bestärkt wurden.

Außer der inneren und oft auch äußeren Nähe zu einem Meister zählen diese zu den Techniken, die auf diesem Pfad am häufigsten Anwendung finden: Mantra Yoga, Yantra Yoga, die Anbetung im täglichen Gottesdienst (Puja) und das 24-Stunden-Gebet.

RAJA YOGA: GLÜCK DURCH DIE VERSCHMELZUNG MIT DEM GÖTTLICHEN

Raja Yoga ist der klassische meditative Yoga-Pfad. Die geistigen Fähigkeiten des Menschen stehen bei diesem Yoga im Vordergrund. Genauer gesagt geht es um das zur Ruhe bringen der Gedanken durch den Rückzug der Sinne (Pratyahara), die intensive Konzentration (Dharana), die tiefgehende Meditation (Dhyana) und die vollständige Kontrolle des Geistes, basierend auf der moralischen und ethischen Vervollkommnung und perfekten Beherrschung der Sinne.

Auch im Raja Yoga finden Asana (Körperstellungen) und Pranayama (Techniken zur Kontrolle über die Lebensenergie) Erwähnung. Bei den Asanas geht es hier allerdings traditionell nur um das Erlernen der richtigen Sitzhaltung für die Ausführung der späteren Stufen und die Kontrolle über das Prana (Lebensenergie) findet nur Beachtung für die Beseitigung der Trägheit (Tamas) des Geistes und zur Beruhigung des Denkorgans.

Ziel des Raja Yoga ist die Kontrolle der Gedanken und die Kräftigung des Verstandes, was traditionell mit der Öffnung des sogenannten „dritten Auges" (das Ajna Chakra in der Mitte der Stirn, zwischen den Augenbrauen) gleichgesetzt wird.

Der Geist wird von den normalen unkontrollierten mentalen Bewegungen befreit und tritt in tiefe Meditation. In einem derartigen Zustand kann der Yogi, durch die vollständige Vereinigung mit dem makrokosmischen Geist, den überbewussten Zustand der Erleuchtung (Samadhi) erleben. Hören alle Bewegungen des Geistes gänzlich auf, identifiziert sich der Geist des Yogis mit dem Meditationsobjekt und fußt nicht mehr auf irgendeinem Gedanken als Sprungbrett. So verwirklicht der Yogi das Nirvikalpa-Samadhi (in einigen Werken als höchste Samadhi-Form beschrieben).

Der bekannteste Vertreter des Raja Yoga ist der Weise Patanjali, der diesen Pfad in seinen Yoga-Sutras beschreibt (siehe Kapitel **Der achtgliedrige Pfad des Patanjali**).

HATHA YOGA: GLÜCK DURCH SELBSTERKENNTNIS

Bis zum Aufkommen des Tantrismus galt Yoga in all seinen Formen als weltentsagend und diente dem Zweck, das Leiden zu überwinden. Der Hatha Yoga, der aus dem Tantra hervorging, stellt in der spirituellen Praxis den Körper in den Mittelpunkt. Ziel des Hatha Yoga ist die Beherrschung und Perfektionierung des physischen Körpers, die Erhaltung oder Wiederherstellung der Gesundheit und die vollständige Kontrolle über die vitalen Lebensenergien. Die Techniken des Hatha Yoga reinigen den physischen Körper, aber auch die subtileren Körper und bereiten so für spätere anspruchsvolle Schritte in der Yogapraxis vor.

Hatha Yoga ist die im Westen bekannteste Yoga-Richtung, die den Ausgleich der solaren (ha, +) und lunaren (tha, -) Polarität, sowie die Zusammenführung von Prana und Apana (dem oberen und dem unteren Lebensstrom) im menschlichen Wesen bezweckt und positive Resonanzvorgänge mit den wohltuenden Energien des Universums herstellt.

Im Hatha Yoga System werden alle Krankheiten als ein Ausdruck von Energiestörungen auf körperlicher, emotionaler oder mentaler Ebene betrachtet. Durch Auflösen dieser Störungen mittels gezielter Yoga-Übungen *können wir* gesunden und auf allen Ebenen wachsen.

Ein geschmeidiger Körper, eine erweckte und harmonische Gefühls- und Gedankenwelt, innere Kraft und Selbstsicherheit, Optimismus, Nächstenliebe, Empathie, innere Ruhe und mentale Klarheit sind Effekte einer regelmäßigen Hatha Yoga-Praxis.

Die Techniken des Hatha Yoga lassen sich in Yogastellungen (Asanas), Übungen zur Energielenkung (Mudras und Bandhas) und Atemtechniken (Pranayama) einteilen. Die Praxis beginnt mit den Asanas und wird mit zunehmender Praxiserfahrung mit Mudras und Bandhas ergänzt. Nach ausreichender Reinigung des Wesens können die Techniken des Pranayama hinzugefügt werden.

Die korrekte Ausführung der Hatha Yoga-Techniken bedeutet neben der korrekten und kontrollierten körperlichen Ausübung gleichzeitig die vollständige Kontrolle über die Lebensenergie (Prana) und damit den Verstand. Dies führt bei kontinuierlicher Ausübung zur Erweckung der Seele und ermöglicht die bessere Nutzung des geistigen Potenzials.

Die Körperstellung selbst bewirkt Resonanzprozesse mit den Energien des Makrokosmos, die durch starke mentale Konzentration verstärkt werden und somit zur perfekten äußeren und inneren Haltung des Praktizierenden führen. Mit einem Minimum an physischer Anstrengung werden schnell beachtliche körperliche, geistige und spirituelle Ergebnisse erzielt: Der Körper wird geschmeidig, die inneren Organe werden massiert und tonisiert, was zur Normalisierung ihrer Funktion und als Folge dessen zu einer generellen Verbesserung des physischen Zustandes und der Gesundheit beisteuert. Der Geist gesundet mit der Genesung des Körpers, Konzentration und Bestimmtheit wachsen, der Verstand ist ruhig und gelassen und macht den Weg frei für eine konzentrierte und kraftvolle spirituelle Entwicklung.

Die fünf Säulen des Hatha Yoga

1. **Asanas** sind Körperübungen, bei denen eine bestimmte Stellung ruhig gehalten wird. Der Fokus liegt dabei auf dem Atem, was gleichzeitig den Geist beruhigt.
2. **Atemübungen** (Pranayama): Mittels bewusster Techniken lässt sich unser Gemütszustand steuern. Weiterhin wirken Atemübungen als Reinigung positiv auf die Gesundheit.
3. **Entspannung** (Savasana): Wirksam gegen Stress, Verspannung und Verwirrung. Bringt Ausgeglichenheit und sorgt für geistige Klarheit.
4. **Ernährung**: Leicht verdaulich und rein (sattvig) sollte yogische Ernährung sein (siehe auch im Kapitel **Selbstfürsorge: Sorge für ausreichenden und regelmäßigen Schlaf und für gesunde Nahrung**).
5. **Meditation** und positives Denken: Unsere Gedanken sind die Quelle aller manifesten Erscheinungen und Erfahrungen. Das Wechselspiel von

Spannung und Entspannung fördert die Entwicklung positiver Gedankenkraft. Meditation hilft, die Gedanken zur Ruhe zu bringen und Konzentration zu finden.

„Hatha Yoga gewährt jenem, der diese Yoga-Art richtig und beharrlich ausübt, vollkommene Selbstkenntnis, blühende Gesundheit, Langlebigkeit, innere Kraft und Vitalität."
Swami Shivananda

DER KLASSISCHE KUNDALINI YOGA: GLÜCK DURCH ERLEUCHTUNG UND FREIHEIT

Kundalini Yoga ist eine Yoga-Praxis, die besonders im Tantrismus eine wichtige Rolle spielt. Shakta Tantra und Kundalini Yoga wurden zum ersten Mal in der westlichen Kultur von Sir John Woodroffe unter dem Pseudonym „Arthur Avalon" in dem Buch „The Serpent Power" (1919) beschrieben. Darin wurde teilweise einer der wichtigsten Texte des Kundalini Yoga übersetzt: Das sechste Kapitel von Purnanandas Shritattvacintamani. Dieses Kapitel heißt „Spiegel der sieben Chakren" (Satcakranirupana) und stellt die detaillierteste und einflussreichste Betrachtung zum Kundalini Yoga dar.

Das Ziel des Kundalini Yoga ist die Erweckung der Kundalini (eine dem Menschen innewohnende Kraft, die als Schlange dargestellt wird) und ihr Aufsteigen durch die Chakren ins oberste Chakra, das Sahasrara, um Erleuchtung zu erfahren. Im Tantra wird das als Erlangen oder Vereinigung mit Atman, dem kosmischen Bewusstsein (Shiva) mit der göttlichen Energie (Shakti) angesehen. Der Prozess der yogischen Praxis soll dazu dienen, die Nadis (Energiebahnen in unserem Körper) und die Chakren (Energiezentren in unserem Körper) zu reinigen und diese zu öffnen, damit die aufsteigende Kundalini nicht blockiert wird. Mit jedem Chakra werden nach der tantrischen Lehre ein bestimmter Bewusstseinszustand und bestimmte Siddhi (übernatürliche Kräfte) assoziiert.

Zur Praxis zählen Asana, Pranayama, Mudras, Mantras und Visualisierungen.

Das Aufsteigen der Kundalini soll schließlich zu Samadhi (Erleuchtung) und Mukti (Erlösung, Befreiung aus dem Kreislauf der Wiedergeburt) führen, und es wird angenommen, dass beide nicht ohne die Erweckung der Kundalini möglich seien. Wichtig beim Erwecken der Kundalini ist nach diesen Lehren die Reinheit des Körpers, der Nadis, des Geistes und des Intellekts, sodass viele Methoden der vorbereitenden Reinigung dienen.

Der Schweizer Psychiater Carl Gustav Jung (1875-1961), Begründer der Analytischen Psychologie, war einer der ersten, der sich aus psychologischer Sicht mit östlicher Spiritualität beschäftigte. 1932 führte er zusammen mit dem Indologen Jakob Wilhelm Hauer (1881-1962) ein legendäres Seminar zum Kundalini Yoga durch. Dieses gilt als Meilenstein der yogischen Geschichte.

Jungs Anliegen war es, Kundalini Yoga und dessen Chakren-System als Modell für die Bewusstseinsentwicklung zu interpretierten. Die spirituelle Energie der Kundalini verstand er als Triebfeder der Individuation, des lebenslangen psychischen Wachstums- und Reifungsprozesses des Menschen. Die verschiedenen Stufen der Individuation waren für ihn in den sieben Chakren, die im Yoga als Zentren spiritueller Energie gelten, symbolisiert.

KUNDALINI YOGA NACH YOGI BHAJAN: GLÜCK DURCH BEWUSSTHEIT

Auch im Sikhismus kennt man eine spezifische Form des Kundalini-Yoga, der in den 1960er-Jahren von Yogi Bhajan (1929-200) aus Indien in die USA importiert wurde. Er verbindet körperliche Bewegungselemente mit intensiven Atemübungen und dem Chanten (Singen, Tönen) heiliger Silben (Mantras). Das Atmen und das Tönen sind zwei wesentliche Aspekte des ganzheitlichen Kundalini-Yoga-Ansatzes. Kundalini Yoga ist in der Ausführung sehr dynamisch: Viele typische Übungen werden in schnellen, fließenden Bewegungsabläufen ausgeführt und in fest vorgegebener Reihenfolge häufig wiederholt. Die Übungen bauen auf leicht erlernbaren Grundhaltungen auf. Sie sind einsteigerfreundlich, erfordern keine besonderen körperlichen Voraussetzungen und können sofort ohne Hilfsmittel ausgeführt werden. Der Schlüssel dazu ist die „Kundalini". Sie ist nach den Lehren des Tantra die verborgene Lebenskraft an der Basis der Wirbelsäule, die durch intensive Übung entdeckt und zur Entfaltung gebracht wird. Kundalini Yoga wird auch das Yoga der Bewusstheit genannt und ist eher spirituell ausgerichtet.

Obwohl ich etwa 20 Jahre lang modernen Kundalini Yoga nach Yogi Bhajan praktizierte, entschied ich mich für meine Ausbildung zur Yogalehrerin und -therapeutin für einen traditionellen Yogaweg: Raja Yoga bzw. den achtgliedrigen Pfad nach Patanjali. Ich wollte tiefer in die Ursprünge des Yoga eintauchen, mich selbst besser kennenlernen und die ganzheitliche und heilende Wirkung von Yoga und Meditation erfahren.

Dieses Buch möchte dich dabei unterstützen, Yoga als geeignetes Mittel für deinen eigenen Weg zum Glück zu erfahren, denn im traditionellen Sinn bedeutet Yoga, zu sich selbst zurückzufinden. Er hilft dabei, sich selbst und seine eigenen Grenzen kennenzulernen – dabei aber immer sanft und gut mit sich zu sein. Yoga kennt kein Konkurrenzdenken oder das Gefühl des Versagens, weil einmal etwas nicht so geklappt hat, wie man es von sich selbst erwartet.

Die Erwartungshaltung unserer Gesellschaft ist heutzutage sehr groß und wir werden täglich damit konfrontiert. Beim Yoga hingegen geht es um viel mehr: sich selbst, seinem Körper und seiner Seele wirklich zuzuhören, sich zu spüren und sich die Zeit zu schenken, etwas Gutes für Körper, Geist und Seele zu tun. Man lernt, sich selbst zu vertrauen, und kommt sich und seinen Bedürfnissen und Zielen dadurch auch immer einen Schritt näher. Oder, wie Carl Gustav Jung das Ziel des Lebens beschrieb: „Werde, die/der du bist!".

Yoga ist …
eine Lebensphilosophie
eine ethische Lebensweise
eine Haltung
Körperübungen
Atmen
Meditation
Achtsamkeit
Selbsterfahrung
Selbstfürsorge
Medizin
ein Weg
ein Ziel
ein Zustand von Ruhe
Wahrnehmung
Bewusstheit
Selbsterkenntnis
Entwicklung
Energie
Liebe
Freiheit
Eins-Sein
Glück

WAS UNS YOGA WIRKLICH BRINGT

Yoga wird immer beliebter und es ist unbestritten, dass eine regelmäßige Yogapraxis in unterschiedlicher Weise auf Körper, Geist und Seele wirkt. So werden Muskeln gestärkt, die Beweglichkeit und die Gelenkigkeit verbessert. Die Körperwahrnehmung wird geschult und das wirkt sich positiv auf Körperhaltung, Aufrichtung und Balance aus. Ebenso wirkt Yoga auf den Geist und die Seele. Er entspannt, macht glücklich, wirkt ausgleichend und beruhigend.

Laut einer Studie des Berufsverbandes der Yogalehrenden (BDY) aus dem Jahr 2018 haben 16 Prozent der deutschen Bevölkerung bereits Yoga-Erfahrung. Das sind mehr als 11,3 Mio. Menschen[13]. Aktuell praktizieren etwa 3,4 Millionen Menschen in Deutschland Yoga[14]. Hauptgründe dafür sind die Steigerung des körperlichen und geistigen Wohl- bzw. Glücksempfindens. Den verschiedenen Yoga-Arten bzw. Formen gemeinsam ist das Grundprinzip der Asanas (Körperhaltung) und des Pranayama (Atemtechniken), häufig sind auch Meditation und Entspannung Bestandteile von Yoga. Die am häufigsten außerhalb Indiens angewandte Yoga-Form ist der Hatha Yoga, die körperorientierte Variante, die Asanas, Pranayama und Meditation beinhaltet.

Die unterschiedlichen Körperhaltungen, die Atemkontrolle mittels Atemübungen und die Meditation sollen dazu dienen, den psychischen und physischen Zustand in Einklang zu bringen. Zunächst soll der Körper entspannt werden, bevor die fünf Sinne kontrolliert und die mentale Aktivität reduziert werden. Vor diesem Hintergrund kann Yoga den sogenannten „mind body interventions" zugeordnet werden, bei denen davon ausgegangen wird, dass physiologische Zustände Emotionen, Gedanken und Einstellungen beeinflussen[15]. Yoga ist also ideal, um Entspannung, Ausgeglichenheit, Glückseligkeit und innere Ruhe zu fördern. Er hilft, auf die eigenen Bedürfnisse zu achten und wieder zu Gleichgewicht und Gelassenheit zu finden. Dadurch gelingt es, den gegenwärtigen Augenblick wahrzunehmen. Gleichzeitig werden die Selbstheilungskräfte aktiviert, die Belastbarkeit erhöht und Stresssymptome reduziert.

Darüber hinaus ist Yoga nach wie vor ein philosophisch-spirituelles Konzept für die wichtigen Fragen im Leben und kann dabei helfen, Stress und Belastungen in unserem modernen Alltag besser zu bewältigen. Yoga macht Mut, sich mit sich selbst auseinanderzusetzen und Veränderungen zuzulassen. Dabei hilft er, Gefühle wertfrei anzunehmen, zu reflektieren und angemessen zu reagieren.

In der eigenen Auseinandersetzung mit den ewigen Fragen: „Wer bin ich?", „Warum wurde ich geboren?", „Weshalb lebe ich?", „Woher komme ich?", „Was wird mit mir nach dem Tod geschehen?", kann Yoga dank einer umfassenden Bewusstwerdung und einer fortwährenden Aufmerksamkeit Antworten geben, die in unserem eigenen inneren Wesen erfahrbar werden. Yoga ermöglicht also eine direkte, unmittelbare Erkenntnis der letzten Wahrheit des Menschen, des Daseins und des Universums.

Nach yogischer Auffassung erkennt eine sehr große Anzahl von Menschen nicht, dass sie trotz ihrer „äußeren Wachheit" innerlich schlafen. Das kontinuierliche Ausüben der verschiedenen Yoga-Verfahren hilft, aus der Unbewusstheit zu erwachen und eine neue, höhere Wirklichkeit zu entdecken.

Der andauernde Gedankenfluss, die ständigen inneren Selbstgespräche in unseren Köpfen erscheinen uns zwar völlig normal, da wir es nicht anders kennen, doch diese ununterbrochene Zerstreuung unserer Aufmerksamkeit und mentalen Energie verhindert jegliche Entfaltung unseres wahren Potenzials und der enormen Fähigkeiten, die in jedem schlummern und auf ihre Erweckung warten. Durch Yoga-Übungen wird es demjenigen, der nach innerer Vervollkommnung strebt, allmählich gelingen, seine Gedanken zu beherrschen und diese Verschwendung mentaler Energie zu beenden. Statt dieses wertvolle Potenzial also unkontrolliert zu verschleudern, fördert es inneren Fortschritt und Selbsterkenntnis.

Und schließlich, nach einer gewissen Zeit, in der Yoga praktiziert wird, kann man einen außergewöhnlichen Beschleunigungsprozess des eigenen inneren Fortschritts wahrnehmen, der einem die wahre Bestimmung seines Daseins und die grundlegenden Gesetze des Universums offenbaren wird. Man wird feststellen, dass im eigenen Wesen alles in Bewegung gesetzt wird, um die eigene natürliche Weiterentwicklung und sein spirituelles Wachstum zu beschleunigen.

Yoga kann darüber hinaus als eine Form der komplementären Medizin gesehen werden. Zahlreiche wissenschaftliche Studien untersuchen seine Wirkung auf körperliche und psychologische Variablen. Es zeigten sich beispielsweise positive biochemische Effekte auf Blutdruck, Puls und auf die Neurotransmitter Dopamin, Adrenalin und Noradrenalin, die durchaus mit den positiven Effekten einer kognitiven Verhaltenstherapie mithalten konnten[16]. Eine Studie wies nach, dass yogabasierte Entspannungstechniken die Herzratenaktivität senken können[17].

Andere Studien untersuchten die Wirkungen von Yoga auf unser neuroendokrines System[18]. Dieses wird aktiviert, wenn wir Stress erleben. Dabei wird vermehrt das Stresshormon Cortisol ausgeschüttet. Befinden wir uns dauerhaft im Stress und haben über längere Zeit einen erhöhten Cortisolspiegel, kann das weitreichende Folgen haben, bis hin zu psychischen Erkrankungen. Yoga kann dabei helfen, das Cortisollevel zu reduzieren[19]. Ebenso weisen Studien nach, dass eine langfristige Yogapraxis Schlafstörungen verbessern kann[20].

Yoga lässt sich gut in den Alltag integrieren. Die Effekte von Yoga auf das endokrine System, das Nervensystem und die körperliche Gesundheit sind mittlerweile gut dokumentiert. Eine Verringerung von Cortisol sowie eine Erhöhung von Serotonin- und Melatonin-Spiegel nach regelmäßigem Yoga konnten ebenso empirisch belegt werden wie eine Reduktion proinflammatorischer Zytokine (zu viele entzündungsfördernde Zytokine im Blut begünstigen chronische Entzündungen). Daneben stehen ein erhöhtes Ausmaß an Zufriedenheit, Selbstbewusstsein und eine verbesserte Selbstkontrolle nach Yoga in Zusammenhang mit geringerem wahrgenommenen Stress und einem höheren Glücksempfinden[21].

Yoga verhilft also zu innerer Ruhe und Balance, verändert die Sicht auf die Welt und den Umgang mit sich, den anderen und der Umwelt. Er aktiviert die Selbstheilungskräfte und hilft, die eigenen Ressourcen (wieder) zu entdecken und zu entwickeln. Durch die verbesserte Körperwahrnehmung werden die eigenen Grenzen eher erkannt und beachtet. Das reduziert Stress und das Gefühl von Gehetztsein. Yoga bringt den Atem und die Bewegung in Einklang, dadurch kommen die Gedanken zur Ruhe und innerer Friede und Gelassenheit stellen sich ein.

Das innere Gleichgewicht, die körperliche Flexibilität und die Bewusstheit, die mit Yoga erreicht werden können, spiegeln sich auch in Handlungen und Einstellung jenseits der Yogamatte wieder:

1. Sich während herausfordernder Yogaübungen ganz dem Atem hinzugeben, verhilft auch zu einem langen Atem in schwierigen Situationen.
2. Bei einer Yogaübung in die Dehnung zu gehen, ohne darauf zu achten, wie andere diese Übung meistern, hilft dabei, in jeder Situation sein Bestes zu geben, ohne das Ergebnis im Blick zu haben. Diese Einstellung unterstützt dabei, Stress abzubauen.
3. Körperlich locker zu sein, führt auch zu geistiger Flexibilität. Das Gleiche gilt umgekehrt: Geistig flexibel zu sein, also eine „Ich-schaffe-das-Haltung" zu leben, führt genauso zu körperlicher Lockerheit.

Yoga fördert …
Kreativität
Intuition
Selbsterkenntnis
Wohlbefinden
Entspannung
gute Laune
Glücksgefühle
Selbstsicherheit
Durchsetzungsfähigkeit
einen langen Atem
Zielgerichtetheit
persönliche Ausstrahlung
Durchhaltevermögen
Kommunikationsfähigkeit
geistige Klarheit
Zentriertheit
Konzentration
Körperwahrnehmung
Gelenkigkeit
Flexibilität
Standhaftigkeit
den bewussten Umgang mit dem Nervensystem
innere Ruhe
Gelassenheit
Belastbarkeit
starke Präsenz
und ist Selbstfürsorge par excellence!

SELBSTFÜRSORGE – DIE BASIS FÜR GLÜCK

Selbstfürsorge ist ein Begriff, der erst einmal etwas holprig daherkommt. Denkst du aber weiter darüber nach, fallen dir vielleicht zugehörige Begriffe wie Selbstliebe, Selbstwertgefühl, Selbstwertschätzung, Selbstmitgefühl oder Selbstvertrauen ein. Und assoziierst du dann weiter, kommen vielleicht auch Gedanken, wie Selbstentfaltung, sich um die eigenen Bedürfnisse kümmern, Achtsamkeit, Nein sagen, Grenzen setzen, Pausen machen, in Balance sein, Lebenskunst und andere. Natürlich können auch eher negative Begriffe mit Selbstfürsorge assoziiert werden: Egoismus, Narzissmus, Selbstbezogenheit und sicher noch einige mehr.

Es gibt also ganz unterschiedliche Vorstellungen zu Selbstfürsorge und es gibt auch keine einheitliche Definition für diesen Begriff. Benutzt wurde er aber bereits in der griechischen Antike von Sokrates. Die wichtigste Voraussetzung der „Sorge um sich" war für ihn die Selbsterkenntnis der Seele. Dies war seiner Meinung nach auch die Grundlage für schönes und gerechtes Handeln[22].

Unter Selbstfürsorge verstand er also vorrangig die Sorge um die eigene Seele und um den eigentlichen Sinn im Leben. Allerdings war dabei das Denken und Handeln nicht ausschließlich auf sich selbst gerichtet, sondern auf das allgemein Gute. Für Sokrates ist die Selbsterkenntnis wesentlicher Bestandteil der Selbstfürsorge, die wiederum die Grundlage für gutes und gerechtes Handeln und die Selbstverwirklichung ist[23]. Selbstfürsorge hat also nichts mit Narzissmus oder Egoismus zu tun, sondern ist im Gegenteil die Sorge um sich selbst als Basis für die Sorge um andere.

Mit Verbreitung des Christentums bekam das Konzept der Selbstfürsorge jedoch einen negativen Beigeschmack. Selbstfürsorge wurde als Selbstliebe und Selbstbezogenheit ausgelegt und durch das Konzept der Selbstlosigkeit, also des Altruismus, abgelöst. Selbstfürsorge wurde unmoralisch.

Erst in den letzten Jahrzehnten wurde die Selbstfürsorge in den Bereichen der Psychologie und der Medizin wieder aus der unmoralischen Ecke geholt und wird heute im Gesundheitswesen als eine notwendige regulatorische Funktion verstanden, die unsere Gesundheit fördert. Die Weltgesundheitsorganisation (WHO) definiert Selbstfürsorge noch weiter, und zwar als Fähigkeit von Individuen, Familien und Gemeinschaften, Gesundheit zu fördern und zu erhalten, Krankheit vorzubeugen und mit Krankheit umzugehen, mit oder ohne Unterstützung durch das Gesundheitssystem. Dabei zählen unterschiedliche Bereiche zur Selbstfürsorge: Hygiene, Ernährung und Lebensstil sowie umwelt- und sozioökonomische Faktoren[24].

Und auch die moderne, präventionsorientierte Medizin fordert die Menschen auf, sich gut um sich selbst zu kümmern, um psychische und physische Krankheiten zu reduzieren oder sogar zu verhindern.

Ohne Selbstfürsorge kann es also leicht passieren, dass du deine körperlichen Kräfte und seelischen Grenzen überschreitest. Dass du die Balance verlierst. Dass du überlastet bist und deine innere Widerstandskraft schwindet, was dazu führen kann, dass du seelisch und/oder körperlich krank wirst. Deshalb ist es wichtig, gut für dich zu sorgen.

WARUM WIR SELBSTFÜRSORGE VERLERNT HABEN

Die meisten von uns haben verlernt, ihre Bedürfnisse zu erkennen und ihnen nachzugehen. Kinder können das noch sehr gut: Sie essen, wenn sie hungrig sind, schlafen ein, wenn sie müde sind, lassen schlechte Laune zu, wenn sie enttäuscht sind, suchen Stille und Alleinsein, wenn alles zu viel wird oder rennen weg, wenn sie Angst haben. Kinder achten ohne Anstrengung auf die Signale ihres Körpers und ihrer Seele und gehen diesen Impulsen ohne Weiteres nach.

Sie sind in der Lage, ihre Bedürfnisse wahrzunehmen und sind noch ganz bei sich und nicht auf die äußere Welt fixiert, um gefallen zu wollen, Erwartungen standzuhalten, Leistung zu erbringen. Sie sind frei von dem zwanghaften Denken, wie „ich muss", „ich sollte", „ich darf nicht", „ich kann nicht". Deswegen lassen sie sich selbst, ohne groß darüber nachdenken zu müssen, im Rahmen ihrer Möglichkeiten, die Fürsorge zu Teil werden, die sie brauchen und sind daher in der Regel auch nicht gestresst, unzufrieden oder träge.

Doch je älter wir werden, desto mehr passen wir uns an und fügen uns den Rollen, die wir angenommen haben oder die uns aufgedrängt wurden. Wir lassen uns leiten, von dem, was sich gehört oder was von uns verlangt wird. Dadurch vergessen wir uns leicht und verlieren den Zugang zu uns und damit zu unseren Bedürfnissen. Wir folgen nicht mehr den Impulsen, die unser Körper uns aussendet. Wir achten nicht mehr auf das, was wir brauchen und sollte es uns doch bewusst werden, ignorieren wir es oft.

Das kann zu vielen Problemen führen, wie

- Überforderung,
- Frust,
- Unzufriedenheit,
- negativem Stress,
- Trägheit / Lustlosigkeit,
- erhöhte Aggressivität,
- Schlafstörungen,
- Erschöpfung bis hin zum Burnout.

Um solche Probleme zu vermeiden, braucht es nicht immer einen anderen Job oder eine neue Beziehung. Früh genug erkannt reicht es schon, die Fürsorge für sich selbst zu übernehmen, um auf dieser Basis neue Kraft zu schöpfen, stark zu werden und dem Leben wieder positiv begegnen zu können. Yoga ist hierfür eine wunderbare Methode und bietet hervorragende Tools, mit denen dir Selbstfürsorge auf allen Ebenen, körperlich, geistig, seelisch leicht gelingt.

Manchmal braucht man aber auch Hilfe von außen, um wieder in sein eigenes Gleichgewicht zu gelangen. Dann kann Psycho- und/oder Yogatherapie helfen. Doch dazu später mehr. Zunächst kannst du deine eigene Bestandsaufnahme machen, wo du in Sachen Selbstfürsorge im Moment stehst.

Schätze dich bei den einzelnen Fragen spontan ein. Frage dich anschließend bei jeder Frage: Wie zufrieden bin ich mit dem Ergebnis? Möchte ich etwas daran ändern? Wenn ja, was möchte ich verändern?

1. Wie sehr kümmerst du dich derzeit um deine Grundbedürfnisse (ausreichend Schlaf, regelmäßiges und gutes Essen, genug Trinken)?

Überhaupt nicht – sehr wenig – wenig – ein bisschen – viel – sehr viel

2. Wie viel Ruhe, Entspannung und Erholung hast du derzeit in deinem Leben?

Überhaupt keine – sehr wenig – wenig – ein bisschen – viel – sehr viel

3. Wie viel Druck verspürst du derzeit in deinem Leben?

Überhaupt keinen – sehr wenig – wenig – ein bisschen – viel – sehr viel

4. Wie viel Abwechslung, neue Impulse hast du gerade in deinem Leben?

Überhaupt keine – sehr wenig – wenig – ein bisschen – viel – sehr viel

5. Wie viele Nähe und Miteinander hast du gerade in deinem Leben?

Überhaupt keine – sehr wenig – wenig – ein bisschen – viel – sehr viel

6. Wie sehr lebst du dein Leben derzeit selbstbestimmt?

Überhaupt nicht – sehr wenig – wenig – ein bisschen – viel – sehr viel

Wie du in kleinen Schritten ganz gezielt besser für dich sorgen kannst, erfährst du auf den folgenden Seiten.

WIE DU SELBSTFÜRSORGE IN DEINEN ALLTAG INTEGRIERST

Erlaube dir, für dich zu sorgen

Es geht nicht immer in erster Linie um andere. Du bist der wichtigste Mensch in deinem Leben. Vergiss die anderen nicht, aber kümmere dich erst um dich und dann um die anderen. Das klingt egoistisch, aber diese Perspektive kann den Unterschied machen, ob du dein Leben als Freude oder als Belastung empfindest. Denn nur mit Selbstfürsorge kannst du dafür sorgen, dass es dir gut geht. Und nur, wenn es dir gut geht und du dich glücklich fühlst, kannst du voll und ganz für andere da sein.

Der wunderbare Charlie Chaplin hat dazu passende Worte gefunden:
„Als ich mich wirklich selbst zu lieben begann, habe ich mich von allem befreit, was nicht gesund für mich war, von Speisen, Menschen, Dingen, Situationen und von allem, das mich immer wieder hinunterzog, weg von mir selbst. Anfangs nannte ich das ‚gesunden Egoismus', aber heute weiß ich, das ist ‚Selbstliebe'."[25]

Übernimm Verantwortung für dich selbst

Leider machen wir uns oft viel zu sehr von anderen und anderem abhängig und überlassen damit dem oder das, von dem wir abhängig sind, die Verantwortung für unser Wohlbefinden. Um für dich sorgen zu können, musst du die Verantwortung für dich übernehmen. Du musst deine Bedürfnisse erkennen und die Erfüllung dieser Bedürfnisse in deine Hände nehmen. Dann erfährst du die Pflege, die du und deine Seele wirklich brauchen.

Sei achtsam mit dir

Vor lauter zwanghaftem Denken und Druck von außen haben wir verlernt, in uns hineinzuhören, wie wir das als Kind taten und darauf zu achten, was wir brauchen, damit es uns gut geht. Um deine Bedürfnisse zu erkennen, musst du in dich hineinhören, denn dein Körper, deine Gefühle und deine Seele vermitteln dir, was du brauchst. Dazu braucht es Achtsamkeit dir selbst gegenüber. Eine feinfühlige und umfassende Beobachtung für dich, damit du die Signale erkennst, damit du spürst und fühlst, was du brauchst und entsprechend für die Erfüllung sorgen kannst.

Achtsamkeit entsteht, wenn du innehältst. Achtsamkeit heißt, Aufmerksamkeit auf den jetzigen Augenblick zu richten:

- *Nimm wahr, was du tust.*
- *Nimm wahr, wie es sich anfühlt.*
- *Nimm wahr, wie es deinem Körper geht.*
- *Nimm wahr, welche Gedanken du hast.*
- *Nimm wahr, welche Gefühle du hast.*

Hinterfrage deine Gefühle und dein Empfinden, deine körperlichen Symptome, deine Gedanken. Was wollen sie dir sagen? So kannst du erkennen, was in dir vorgeht, warum etwas in dir vorgeht und herausfinden, was dein Körper und deine Seele brauchen.

Je bewusster du dich wahrnimmst und kennenlernst, desto angemessener kannst du mit dir umgehen. Je angemessener du mit dir umgehen kannst, desto höher wird dein Wohlbefinden sein. Je höher dein Wohlbefinden ist, desto eher wirst du dich selbst als glücklich erleben.

Da es heutzutage nicht gerade einfach ist, sich selbst wahrzunehmen und in sich hineinzuhören, gibt es vielfältige Methoden, diese Fähigkeiten zu erlernen bzw. sich zurückzuerobern. Zwei der bekannten Methoden sind besonders wirksam: Yoga und Meditation. Hierbei geht es genau darum, sich in Achtsamkeit zu üben, die Aufmerksamkeit und den Fokus nach innen zu legen, sich zu spüren und seine Bedürfnisse wahrzunehmen.

Erkenne und erfülle dir deine Bedürfnisse

Laut der Maslowschen Bedürfnispyramide[26] hat der Mensch fünf unterschiedliche Bedürfnisse:

1. Physiologische Bedürfnisse, hierzu zählen alle Grundbedürfnisse, die zum Erhalt des menschlichen Lebens erforderlich sind, wie Atmung, Wasser, Nahrung, Schlaf, Fortpflanzung und Homöostase[27].
2. Sicherheitsbedürfnisse, wie körperliche und seelische Sicherheit, materielle Grundsicherung, Arbeit, Wohnung, Familie und Gesundheit.
3. Soziale Bedürfnisse, die sich in einem starken Drang nach sozialen Beziehungen äußern. Dazu zählen u. a. Familie, Freundschaft, Gruppenzugehörigkeit bzw. Zugehörigkeitsgefühl, Kommunikation, sozialer Austausch, Gemeinschaft, gegenseitige Unterstützung, Beziehung, Zuneigung, Liebe und sexuelle Intimität.
4. Individualbedürfnisse, das sind laut Maslow Vertrauen, Wertschätzung, Selbstbestätigung, Erfolg, Freiheit und Unabhängigkeit.
5. Das Bedürfnis nach Selbstverwirklichung: Der Mensch will seine Talente, Potenziale und Kreativität entfalten, sich in seiner Persönlichkeit und seinen Fähigkeiten weiterentwickeln sowie sein Leben gestalten und ihm einen Sinn geben.

Da jeder Mensch jedoch unterschiedlich ist, besteht die große Kunst darin, mit Achtsamkeit zu erkennen, welche der lebenswichtigen Bedürfnisse in welchem Maß nicht erfüllt sind. Um sich anschließend an die Erfüllung seiner Bedürfnisse zu begeben. Am einfachsten ist es, wenn du mit den Grundbedürfnissen anfängst.

Sorge für ausreichenden und regelmäßigen Schlaf und für gesunde Nahrung

Die Grundbedürfnisse wie schlafen oder essen werden in der heutigen Zeit leider gern vernachlässigt. Dabei sind sie die Basis für eine gesunde Selbstfürsorge. Der Schlaf kommt oft zu kurz: Frühes Aufstehen, spät ins Bett gehen oder ein unregelmäßiger Schlafrhythmus begünstigen diesen Mangel. Nicht nur indische Yogis schwören auf den gesunden Schlaf vor Mitternacht und gehen kurz nach Sonnenuntergang ins Bett. Passenderweise hat die Natur selbst einen Taktgeber in unserem Körper positioniert, der auf Lichtveränderungen reagiert. Hinter den Augen, wo sich die Sehnerven kreuzen, sitzt eine kleine Ansammlung Nervenzellen. Abends oder wenn es dunkel wird, senden sie Signale an die Zirbeldrüse im Gehirn, die dann den Botenstoff Melatonin freisetzt. Dieser Botenstoff sorgt dafür, dass wir müde werden und schlafen. Umgekehrt reagiert das System auch auf Licht und schaltet den Körper wieder auf Aktivität um.

Aus der Schlafforschung weiß man heute, dass die ersten zwei bis vier Stunden des Schlafs besonders tief und damit die erholsamsten Stunden sind. Und das Zeitfenster, in dem man am besten einschlafen kann, liegt zwischen 22 und 24 Uhr[28]. Wenn du dann noch regelmäßig zur gleichen Uhrzeit zu Bett gehst und aufstehst, gönnst du deinem Körper die bestmögliche Erholung.

Auch die Nahrungszufuhr kommt leider oft zu kurz. Viele Menschen sind so im Stress, dass sie das Essen vergessen oder hauptsächlich ungesunde Nahrung zu sich nehmen, die ihren Körper nicht ausreichend mit Nährstoffen versorgt. Auch hier haben die alten Yogis schon „gewusst", dass Nahrung Medizin ist und welche Nahrung der Gesundheit zugutekommt.

Nach der indischen Tradition werden Nahrungsmittel nicht nach ihrem Nährstoffgehalt (Aminosäuren, Vitamine, Mineralien etc.) unterschieden, sondern nach der Energie, die sie enthalten. Laut der Philosophie des Sankhya[29], zu der auch Yoga gehört, ist jedes Element des Universums, egal ob menschlich, tierisch, pflanzlich oder mineralisch, aus drei Grundprinzipien aufgebaut, den sogenannten Gunas:

1. *Sattva* ist das Prinzip von Ausgeglichenheit, Harmonie, Reinheit und Licht.
2. *Rajas* verkörpert das Prinzip von Aktivität, Verwandlung, Leidenschaft und Ruhelosigkeit.
3. *Tamas* steht für Trägheit, Passivität, Schwere, Unwissenheit und Dunkelheit.

Diese drei Gunas sind in jedem Lebensmittel gegenwärtig und wirken im Körper, wenn es aufgenommen wird. Um Körper und Bewusstsein zu reinigen, werden im Yoga sattvige (natürliche, reine) Nahrungsmittel bevorzugt, auch wenn rajasige und tamasige Nahrungsmittel ebenfalls eine Rolle im Ernährungszyklus spielen[30].

Sattvige Nahrung ermöglicht die Entwicklung auf allen Ebenen des Seins: physisch, energetisch, emotional, intellektuell und spirituell. Sattvige Lebensmittel sind gut für den Körper, fördern Glücksempfinden, Harmonie, Frieden und Ruhe. Sie spenden Energie und erzeugen Energie sowie Kraft. Gleichzeitig verbessert sattvige Nahrung das Gedächtnis, die Intuition, die Klarheit des Geistes, und wirkt sich günstig auf den Intellekt und die Meditation aus. Sie gibt dem Körper die nötige Energie für den Stoffwechsel, regeneriert ihn und fördert die Erweiterung des Bewusstseins.

Dabei geht es aber nicht nur um die Qualität der Nahrungsmittel, sondern sattvig umfasst auch die gesamte Haltung und den Respekt der Erde und den Tieren gegenüber, den mentalen und emotionalen Zustand beim Kochen und beim Verzehr der Nahrung. Vom Ursprung bis auf den Teller sollte sich die yogische Haltung von Liebe und Respekt gegenüber dem Leben und allen Lebewesen in der Ernährung zeigen.

Rajasige Lebensmittel regen an und stimulieren auf physischer, emotionaler und mentaler Ebene. Sie bewirken erhöhte Geschwindigkeit und Erregbarkeit und können zu nervösen Unruhezuständen führen. Zu viel davon begünstigen Leidenschaften, beunruhigen den Geist und rufen starke Gefühle wie Wut, Reizbarkeit, Eifersucht, Lust, Unwohlsein und Schmerz hervor.

Tamasige Nahrung belastet den Körper und vergiftet ihn quasi. Sie ermüdet, erschwert die Verdauung, verbraucht viel mehr Energie als sie dem Körper zuführt. Nach der yogischen Auffassung macht tamasige Nahrung dumpf und grob, führt zu Pessimismus, Zweifeln, Geiz, Faulheit und zu Minderwertigkeitsgefühlen. Auch zu viel Essen hat tamasige Wirkung.

Yogis achten also darauf, möglichst sattvig zu essen. Sattvige Ernährung entspricht folgenden Kriterien:

- Gesund für den Körper
- Stärkend und harmonisierend für die Lebensenergie (Prana)
- Erhebend für den Geist, förderlich für die Klarheit des Geistes
- Förderlich für die Meditation
- Geprägt von Mitgefühl zu allen Lebewesen
- Gut für unseren Planeten Erde, also ökologisch verantwortbar

Eine sattvige Ernährung sollte außerdem wohlschmeckend und bekömmlich sein. Konkret bedeutet das:

- Vollwerternährung, nach Möglichkeit Bio-Lebensmittel und regionale Produkte
- Ernährung ohne Fleisch und Fisch, aus Mitgefühl mit den Tieren, keine Eier und Milchprodukte
- Kein Alkohol, Tabak, Drogen
- Tägliches Essen aus jeder der fünf sattvigen Nahrungsmittelkategorien:
  - Obst
  - Salate, Gemüse
  - Vollkorngetreide
  - Hülsenfrüchte
  - Nüsse, Gewürze und Kräuter

Sowohl Schlafmangel als auch Hunger bzw. schlechte/tamasige Ernährung können dich demnach schwächen. Du wirst mit zunehmendem Mangel gereizter, leichter angreifbar und anfälliger für Stress. Dein Immunsystem wird geschwächt.
Daher frage dich:
- *Wie viel Schlaf brauchst du und gewährst du dir diesen?*
- *Was isst du und wann? Isst du gesund/überwiegend sattvig und regelmäßig?*

- *Warum isst du? Ist es wirklich Hunger oder doch eher innere Unruhe und Leere, die du mit Nahrung stillen und füllen möchtest? Oder isst du aus Gewohnheit?*

Erkenne Abhängigkeiten und damit deine unerfüllten Bedürfnisse

Die meisten von uns sind bewusst oder unbewusst abhängig, um ihre innersten Bedürfnisse nach Sicherheit, Geborgenheit, Liebe oder Zuneigung zu stillen. Sie zwängen sich in ein Raster oder spielen eine Rolle, um das zu bekommen, wonach sie sich sehnen.

- *Erkennst du in deinem Leben solche Abhängigkeiten, die dir scheinbar das geben, was du brauchst, aber im Grunde gar nicht gut tun?*
- *Welche Abhängigkeiten sind das?*
- *Was steckt hinter diesem Verhalten? Welches Bedürfnis? Wonach sehnst du dich eigentlich?*
- *Wie kannst du dieses Bedürfnis ohne Abhängigkeit stillen?*

Denk daran: Du musst alles in dir selbst finden.

Dass das einfacher gesagt ist als getan, weiß ich selbst nur zu gut. Übernimm aktiv die Führung, wenn es darum geht, deine Bedürfnisse zu erfüllen. Erwarte nicht von anderen, dass sie erkennen, was du willst. Sprich an, was du dir wünschst und was dir fehlt. So schlüpfst du aus der Opferrolle hinein in die Selbstbestimmung und kannst deine Bedürfnisse befriedigen.

Sei aktiv und beschäftige dich mit Dingen, die dich interessieren

Tue Dinge, die du gerne machst. Einen Spaziergang in der Natur, malen, lesen. Ein Besuch im Lieblingscafé oder in der Wellnessoase. Was auch immer dir guttut und du gerne machst: Gönne dir diesen Genuss. Er trägt sehr zu deinem Wohlbefinden bei, weil er dir Freude macht und Freude ein wichtiger Bestandteil von Lebensqualität ist.

Dazu können auch Rituale gehören, die eine Form von Sicherheit vermitteln und dich dadurch stärken können. Zum Beispiel eine Yogaeinheit nach dem Aufstehen, morgendliches Duschen mit Musik und lautem Mitsingen, das gemeinsame Abendessen mit der Familie oder eine kurze Meditation am Abend, um zur Ruhe zu kommen.

- *Was tut dir gut und wobei fühlst du dich wohl?*
- *Welche Rituale vermitteln dir Sicherheit und Geborgenheit?*
- *Was würdest du machen, wenn du spontan einen Tag frei hättest?*

Wichtig ist hierbei die richtige Motivation, Dinge zu tun!

Du solltest keine Dinge tun aus Leistungsdruck, aus Konkurrenzdenken, weil alle es tun oder weil du unbedingt ein Ziel erreichen willst. Damit stresst du dich noch mehr. Der Weg ist das Ziel und somit die Freude am Tun. Praktiziere nicht Yoga, weil du Angst hast, dick zu werden, sondern weil du Spaß an dieser Form der Bewegung hast. Und, weil du den Benefit spürst, den dir täglicher Yoga bringt: Ausgeglichenheit, Gelassenheit, Konzentration, Beweglichkeit, gesteigertes Wohlbefinden und vieles mehr. Im Vordergrund sollte immer das gute Gefühl stehen, mit dem du etwas machst.

- *Aus welchem Antrieb verfolgst du Dinge?*
- *Gibt es Dinge, die du aus Druck tust?*
- *Wenn ja, warum lässt du diese Dinge nicht einfach sein? Welches Problem steckt hinter dem Zwang?*

Finde das richtige Maß an Belastung für dich

Nimm dir nicht zu viel vor und lass dich nicht zu sehr „von außen" bestimmen. Sei achtsam mit dir, akzeptiere und setze deine Grenzen – dir und anderen! Fordere nicht zu viel von dir und zeige nach außen, dass du nicht unendlich viel Kapazität und Energie hast. So kannst du dich vor Überlastung schützen.

- *Erkennst du Anzeichen für Überforderung wie Stress, Ermüdung oder Unlust?*
- *Falls ja: Forderst du zu viel von dir selbst oder machst du für andere mehr, als dir gut tut?*

- *Wie kannst du Aufgaben abgeben, Grenzen aufzeigen, dir Entlastung verschaffen?*
- *Lerne, Nein zu sagen!*

Dir muss es in erster Linie gut gehen und deswegen denke an dich! Du bist der wichtigste Mensch in deinem Leben! Erinnere dich an den ersten Punkt, Stichwort: gesunder Egoismus bzw. Selbstliebe.

Mach Pause und entspann dich!

Pausen, Auszeiten und Entspannung sind wichtig, denn so wie ein Akku nicht im Dauerbetrieb laufen kann, muss auch dein Energiespeicher immer wieder aufgeladen werden, damit du kraftvoll bleiben kannst. Lege im Berufsalltag bewusst Pausen ein, um kurz durchzuatmen. Absolviere eine kurze Meditation oder Entspannungsübung. Dreh nach dem Mittagessen eine kleine Runde mit achtsamen Schritten um den Block. Oder verschaffe dir mit yogischen Pranayama-Übungen einen Energieschub.

Körper und Denken sind eng miteinander verbunden. So wie man seine Muskeln nach bestimmten Yoga-Positionen und physischen Übungen entspannt, kann man die Gedanken entspannen und sie mit Konzentration und Meditation zur Ruhe bringen. Gleichzeitig beruhigt eine Entspannung der Muskeln die Gedanken. Und die geistige Entspannung lässt den Körper ausruhen.

Entspannung

Entspannung ist ein Zustand, in dem man sich wohlfühlt, ein Zustand, in dem sich Körper, Geist und Seele in Balance befinden und Druck, Anspannung und Belastung fehlen.

Entspannung ist trainierbar

Sich entspannen zu können, ist eine ganz natürliche Fähigkeit, die jeder Mensch in sich trägt. In einer Zeit, in der sich eine immer komplexer werdende Welt immer schneller dreht, ist die Fähigkeit, sich zu entspannen und für einen Moment innezuhalten unverzichtbar, um einmal tief ein- und auszuatmen und die eigene Mitte wieder zu finden. Je besser du dich im täglichen Leben entspannen kannst, desto eher wirst du auch dein Leben als glücklich empfinden.

Immer mehr Menschen jedoch fällt es schwer, sich richtig zu entspannen. Innerlich getrieben, überreizt, angespannt oder erschöpft suchen sie nach wirksamen Methoden körperlicher, geistiger und seelischer Entspannung. Yoga zielt darauf ab, physischen und psychischen Spannungszuständen vorzubeugen bzw. diese zu reduzieren. Durch das Erlernen von Yoga wird die Fähigkeit zur Selbstregulation von psychophysischen Stressreaktionen verbessert. Denn durch das Praktizieren wird eine Entspannungsreaktion ausgelöst. Diese stellt den Gegenpol zu den unter Stress auftretenden körperlichen Reaktionen dar.

Die ganzheitliche Wirkung von Yoga wird durch lernpsychologische Prozesse hervorgerufen. Durch regelmäßiges Üben wird die selbstständige Auslösung der Entspannungsreaktion trainiert und für den alltäglichen Einsatz stabilisiert.

- *Gönnst du dir regelmäßig Zeit für dich?*
- *Achtest du darauf, deine Akkus regelmäßig wieder aufzuladen?*
- *Kannst du bewusst entspannen?*

Pflege deine Beziehungen und Freundschaften

Wir Menschen sind soziale Wesen und haben daher auch ein Bedürfnis nach sozialen Kontakten. Wir möchten uns austauschen und uns verstanden fühlen. An Beziehungen wachsen und wertgeschätzt werden. Soziale Kontakte schützen dich vor Einsamkeit und geben dir ein positives Gefühl. Sie können dich darin unterstützen, der zu sein, der du bist und der zu werden, der du sein kannst.

- *Pflegst du regelmäßig deine sozialen Kontakte?*
- *Wenn nein: Warum nicht? Hast du zu wenig Zeit oder bist du zu erschöpft?*
- *Wie kannst du die Ursache beheben und dein Sozialleben fördern?*

Vorsicht vor Abhängigkeit: Der Grund einer Beziehung darf nie die Sehnsucht nach der Erfüllung eines Bedürfnisses sein, sondern das Wohlfühlen in der Gegenwart der Person ganz ohne Verlangen und Erwartungen.

Bewege dich

Auch wenn du kein Sportfanatiker bist, tut frische Luft und Bewegung dir gut. Gehe spazieren, atme frische Luft ein und spüre deinen Körper. Beobachte die Jahreszeiten und wie sie die Natur verändern. Der Körper kann dabei entspannen und Stress abbauen. Schon kleine Yogaeinheiten im Alltag fördern dein Wohlbefinden und machen dich ausgeglichener und widerstandsfähiger.

- *Bewegst du dich regelmäßig?*
- *Wenn nein: Wie kannst du mehr Bewegung/Yoga in deinen Alltag integrieren?*
- *Kannst du das Fahrrad anstatt das Auto und die Treppe anstatt den Aufzug nehmen? Kannst du in der Mittagspause spazieren gehen oder einen YogaWalk machen, anstatt in der Kantine zu sitzen? Kannst du eine Yogaroutine etablieren, vielleicht einfach schon morgens im Bett?*

SELBSTFÜRSORGE MIT ACHTSAMKEIT UND YOGA

Selbstfürsorge heißt, Eigenverantwortung zu tragen und dafür zu sorgen, dass du dir die Fürsorge zukommen lässt, die du brauchst. Dazu benötigt es Achtsamkeit. Ein aufmerksames Hineinhören in dein Inneres, um die Signale deines Körpers und deiner Seele wahrzunehmen, zu deuten und entsprechend handeln zu können.

Bereits vor 2.500 Jahren begann die erste tiefgehende und dokumentierte Auseinandersetzung des Menschen mit seinem Bewusstsein. Unter den Lehrenden Buddhas (563-483 v.Chr.) ist die Satipatthana Sutta diejenige, die die Grundlagen der Achtsamkeit behandelt. Darin wird die Fokussierung auf die körperlichen Vorgänge während des Atmens als ein Mittel beschrieben, sich vollkommen auf die Gegenwart zu konzentrieren und im Hier und Jetzt anzukommen. Dies ist der zentrale Punkt der Achtsamkeit: Gegenwärtigkeit durch Selbstbeobachtung zu erreichen[31].

Über die Betrachtung des Atems hinaus gibt es im Buddhismus weitere Möglichkeiten, durch Selbstbeobachtung die Gegenwart wahrzunehmen und zu erfahren:

- Beobachtung der Körperempfindungen
- Beobachtung der Gefühle und Emotionen
- Beobachtung der Gedanken
- Beobachtung des Geisteszustands

Mit Yoga kannst du deine Achtsamkeit trainieren. Du erlebst das Hier und Jetzt bewusster, spürst dich und deine Bedürfnisse. Durch das Erkennen und Erfüllen deiner Bedürfnisse lässt du keine inneren Konflikte entstehen. Keine unerfüllten und unterdrückten Wünsche, die sich irgendwann in deinem Leben in Form von Unzufriedenheit, Stress, Lustlosigkeit oder sogar Krankheit negativ bemerkbar machen können.

Stattdessen wirst du zufriedener und ausgeglichener, weil du im Einklang mit dir und in Balance lebst, weil du dir selbst das gibst, was du brauchst. Du gewinnst an innerer Widerstandskraft und kannst energievoll und positiv den Herausforderungen des Lebens begegnen. Dadurch gewinnt dein Leben an Leichtigkeit und an Freude.

Zeitgleich tust du deiner Umwelt und deinen Mitmenschen damit einen großen Gefallen. Denn so, wie du andere erst lieben kannst, wenn du dich selbst liebst, kannst du dich nur gut um andere kümmern, wenn du dich selbst gut um dich kümmerst. Denn man kann nichts geben, was man sich selbst nicht zu geben bereit ist. Selbstfürsorge ist demnach nicht nur ein sehr wertvoller Beitrag für dich selbst, sondern auch ein sehr wertvoller Beitrag für die Welt[32].

Aber vergiss nicht, dass Selbstfürsorge kein einmaliger Lernprozess ist, bei dem es ein definiertes Ende gibt. Denn dein Leben wird dich immer wieder vor Herausforderungen stellen, bei denen es Achtsamkeit dir selbst gegenüber bedarf. Es wird Höhen und Tiefen geben, gute Zeiten und schlechte Zeiten, sodass es nötig ist, deine Fürsorge ständig an deine Bedürfnisse anzupassen. Dein ganzes Leben lang.

Dass dies aber nicht unbedingt „Arbeit" im herkömmlichen Sinne bedeuten muss, sondern im Gegenteil, Spaß machen kann, habe ich durch Yoga erfahren. Yoga hilft mir, meine Bedürfnisse zu erkennen und zu erfüllen, mein Herz, meinen Geist und meine Seele zu öffnen, meinen Körper beweglich und fit zu halten, achtsam zu sein, dem Leben zu vertrauen, meinen Mitmenschen gegenüber wohlwollender zu sein und Spiritualität zu leben. Der achtgliedrige Pfad von Patanjali ist dabei besonders hilfreich für mich. Seine Yoga Sutras sind die ethische Basis, auf der ich meine Selbstfürsorge lebe.

> *„Du selbst, genauso wie jeder andere im ganzen Universum, verdienst deine Liebe und Zuneigung."*
> *Buddha*

DER ACHTGLIEDRIGE PFAD DES PATANJALI: EIN WEG ZUM INNEREN FRIEDEN

Mit seinen Yoga Sutras hatte Patanjali ursprünglich einen Leitfaden geschrieben, mit dem das Ziel der Selbsterkennung und Freiheit mit Hilfe von Yoga erreichbar sein kann. Es ist ein achtgliedriger Pfad (Ashtanga), der eine Orientierungshilfe zur Überwindung von Hindernissen (Kleshas) darstellt, die den Geist immer wieder aus der Ruhe bringen und damit letztlich zu Leid führen. Jedes dieser acht Glieder besteht aus einer Reihe konkreter, praktischer und auch heute noch sehr lebensnaher Vorgehens- und Verhaltensweisen. Sie bedingen einander, bauen aufeinander auf, ergänzen sich und bilden eine Einheit. So alt Patanjalis Sutras auch sind, er gibt uns mit ihnen heute noch eine fantastische Möglichkeit an die Hand, Selbstfürsorge in allen Lebensbereichen für uns zu übernehmen.

Es geht jedoch nicht darum, diesen Leitfaden Punkt für Punkt wie eine To-do-Liste abzuhaken, sondern Ziel ist es, eine gesunde ethische innere Haltung zu kultivieren und den Geist zur Ruhe kommen zu lassen. Damit die Seele wieder frei und unbelastet das Leben erspüren, erfühlen und erleben kann. Genau dabei hilft Patanjalis achtgliedriger Pfad.

Die ersten fünf Glieder (Yama, Niyama, Asana, Pranayama, Pratayahara) werden auch als Kriya Yoga (praktischer Yoga) bezeichnet und die letzten drei (Dharana, Dhyana, Samadhi) als Raja Yoga (königlicher Yoga).[33]

Auf einen Blick

1. Yama – der Umgang mit der Umwelt
   - Ahimsa
   - Satya
   - Asteya
   - Brahmcarya
   - Aparigraha
2. Niyama – der Umgang mit sich selbst
   - Sauca
   - Samtosa
   - Tapas
   - Svadhyaya
   - Isvarapranidhara
3. Asana – der Umgang mit dem Körper
4. Pranayama – der Umgang mit dem Atem
5. Pratyahara – der Umgang mit den Sinnen

6. Dharana – Konzentration
7. Dhyana – Meditation
8. Samadhi – das Höchste: die innere Freiheit, Selbsterkenntnis, Erleuchtung

} Krija Yoga

} Raja Yoga / Samyama – der Umgang mit dem Geist

YAMA - DER UMGANG MIT DER UMWELT

Patanjali differenzierte in seinen Sutras die ersten beiden Glieder noch weiter aus, so versteht er unter Yama (der Umgang mit der Umwelt oder die Disziplin im zwischenmenschlichen Verhalten) fünf Übungen für gutes und ethisches Handeln:

Ahimsa

An erster Stelle nennt er Ahimsa, das bedeutet Nichtverletzen, Gewaltfreiheit, und beinhaltet zum einen, kein Lebewesen körperlich zu verletzen oder gar zu töten. So erklärt sich auch die von Yogis bevorzugte vegetarische (fleischlose) oder sogar vegane (frei von jeglichen Tierprodukten) Ernährungsweise. Zum anderen bezieht sich die Gewaltlosigkeit auch auf Gedanken und Worte. Es geht im Yoga jedoch nicht nur darum, verletzende Handlungen zu minimieren, sondern vor allem darum, den Impuls nach Gewalt bewusst wahrzunehmen und in dem Moment den Blick nach innen zu richten. Dadurch wird es dann möglich, dem Impuls der Gewalt bewusst den Gegenimpuls der Gewaltlosigkeit entgegenzusetzen.

Im konkreten Alltag kennt man das Phänomen, dass Gewalt Gegengewalt provoziert, die erneut Gewalt hervorruft. Und es gibt auch das genaue Gegenteil: Bewege ich mich in friedvoller Haltung in der Welt, begegnet mir mein Umfeld friedlicher und freundlicher.

- *Wann bist du schnell genervt?*
- *Wer bringt dich warum „auf die Palme"?*
- *Was macht dich wütend und aggressiv?*
- *Welchen positiven Aspekt kannst du trotzdem sehen?*
- *Wie kannst du handeln, um die Negativität in etwas Positives umzulenken?*

Satya

An zweiter Stelle nennt Patanjali die Übung Satya, was wörtlich übersetzt „Wahrheit" bedeutet. Hierbei geht es einerseits konkret darum, immer die Wahrheit auszusprechen. Dies kann jedoch insofern problematisch sein, da es ja auch möglich ist, andere durch Worte zu verletzen, selbst wenn – oder sogar manchmal erst recht –, weil sie wahr sind. Andererseits kann Satya aber auch als eine übergeordnete Geisteshaltung verstanden und in diesem Sinn als Wahrhaftigkeit übersetzt werden. Die ethische Übung des Satya besteht dann darin, den inneren Impuls, nicht der Wahrheit zu folgen, wahrzunehmen und ihm den Impuls der Wahrhaftigkeit entgegenzusetzen. Um im Alltag dann aus dieser

Geisteshaltung heraus zu handeln. Sagen, Handeln und Wahrheit werden zu eins, du handelst und bist authentisch und mit dir im Reinen.

- *Wann bist du in Versuchung, dich hinter Ausflüchten zu verstecken?*
- *Wann reagierst du auf unausgesprochene Erwartungen von außen, anstatt auf deine innere Stimme zu hören?*
- *Wann bist du wirklich du?*

Asteya

Die dritte Übung ist Asteya, wörtlich übersetzt „Nichtstehlen". Dies bedeutet sowohl das konkrete Nichtnehmen von Dingen, die mir nicht gehören, als auch eine Geisteshaltung, in der das Bedürfnis nach Habenwollen schwindet. Damit einher geht meine Erfahrung, dass gerade, wenn ich etwas unbedingt haben möchte, dieses nicht bekomme. Erst wenn ich meine Absicht nicht mehr in den Vordergrund stelle, sondern ich mich öffne für das, was da kommen mag, bekomme ich – oft unerwartet – das Entscheidende geschenkt oder es fällt mir zu. Manchmal löst sich dieses Habenwollen auch gänzlich auf, was mir das Gefühl von Freiheit schenkt. Frei sein von der Gier nach Habenwollen. Diese Art von Freiheit kann auch als gesteigertes Glücksempfinden wahrgenommen werden.

- *Was will ich warum unbedingt haben?*
- *Wofür ist es vielleicht eine Ersatzbefriedigung?*
- *Welches Bedürfnis steckt eigentlich dahinter?*

Brahmcarya

Die vierte Übung nennt Patanjai Brahmcarya, was wörtlich übersetzt zwar „göttlicher Lebenswandel" bedeutet, traditionell aber als Gebot der sexuellen Enthaltsamkeit verstanden wurde. Denn im hinduistischen Kulturkreis war es selbstverständlich, dass ein auf Gott ausgerichtetes Leben nur mit sexueller Entsagung möglich ist. Dass es aber im yogischen Sinne wieder um eine innere Haltung anstatt um sexuelle Enthaltsamkeit geht, wird daran deutlich, dass Patanjali betont, welch große Kraft durch Brahmcarya entsteht. Es geht ihm hierbei nämlich nicht um das äußere Entsagen, sondern um einen inneren

Befreiungsprozess. Die große Kraft entsteht durch das Loslösen von der inneren, sexuellen Gier. Brahmcarya wendet sich also nicht gegen die Freude an der Sexualität, sondern kann sie im Gegenteil sogar intensivieren, wenn wir eine veränderte Haltung zur Sexualität einnehmen, weg von der Gier, hin zu entspanntem Sex, der auf Gemeinsamkeit beruht anstatt auf die Objektifizierung des Gegenübers – und durch den am Ende eine neue Stärke entstehen kann.

- *Was bedeutet Sexualität für mich?*
- *Welches andere Bedürfnis steckt vielleicht dahinter?*
- *Inwieweit übe ich durch Sexualität Macht aus?*

Aparigraha

Die fünfte Übung des Yama heißt Aparigraha und bedeutet „Anspruchslosigkeit". Die innere Bindung an Geld und Besitz, das Auflösen der Abhängigkeit von all den käuflichen Dingen, die man besitzen möchte, ist hier der Sinn der Übung. Dies passt zu der gerade sehr modernen Minimalismus-Welle, im Rahmen derer sich viele Menschen ihrer überflüssigen, ungeliebten, angehäuften Besitztümer entledigen. Gern mithilfe der Aufräummethode der Japanerin Marie Kondo, deren Nachname im Englischen mittlerweile sogar zum Verb „to kondo" wurde, was „einen Schrank aufräumen" bedeutet.

Patanjali und Yoga gehen jedoch auch hier noch weiter und sehen in der Übung Aparigraha letztendlich die Loslösung vom sogenannten Ego, das sich über Besitz, Wohlstand und Geld definiert. Und damit gleichzeitig den Ausstieg aus dem ewigen Kreislauf der Wiedergeburt. Denn nach hinduistischem Glauben wird der Mensch durch diese Abhängigkeit vom Ego von einer Wieder-geburt zur nächsten getrieben, um immer wieder daran zu scheitern, dass er sich mit den vergänglichen Besitztümern dieser Welt identifiziert. Die Haltung des Nichtbesitzergreifens bedeutet die Loslösung von dieser Abhängigkeit, um so sein wahres Selbst zu erkennen, dem bewusst ist, was wirklich im Leben zählt und wichtig ist. Wahres Glück erfährt demzufolge derjenige, der diese Abhängigkeiten erkennt und sich von diesen loslösen kann.

- *Was brauche ich in meinem Leben wirklich, um glücklich zu sein?*
- *Wie viel materiellen Besitz und Geld brauche ich, um glücklich zu sein?*
- *Was macht mich zufrieden?*

Patanjali weist den Yogis im ersten Glied seines achtgliedrigen Übungsweges also den Weg zu einer inneren Haltung der Bewusstheit für das Gute und zeigt auf, wie wir diese konkret im Alltag leben und umsetzen können.

NIYAMA - DER UMGANG MIT SICH SELBST

Auch das zweite Glied seines Pfades, Niyama (Haltung gegenüber und Umgang mit uns selbst), differenziert Patanjali in fünf Regeln, die die Selbstfürsorge mit Hilfe der Yogaphilosophie und den Einstieg in die konkrete Yogapraxis erleichtern können.

Sauca

Sauca heißt seine erste Regel und kann mit „Reinheit" übersetzt werden. Dies meint sowohl die äußere körperliche als auch die geistige Reinheit. Hierbei gehört zur äußeren Reinheit nicht nur die Dusche als Vorbereitung für die Yogapraxis, sondern auch die saubere Kleidung, der aufgeräumte Übungsplatz und eine reine, sattvige Ernährung, die Körper und Geist nicht belastet. Unter geistiger Reinheit versteht Patanjali wieder einmal die Loslösung des Geistes von seinen inneren Bindungen. Wieder geht es darum, den Geist zur Ruhe kommen zu lassen, sich nicht mit seinen Gedanken zu identifizieren, sondern in der Meditation zu seinem wahren Selbst zu gelangen, indem man sich bewusst wird, was wahres Menschsein und authentisches Leben aus dem Selbst heraus ausmachen.

- *Wie gehst du mit deinem Körper um? Definierst du dich über äußere Schönheit?*
- *Legst du übermäßigen Wert auf das Erreichen der gängigen Schönheitsideale? Auf Kosmetika, definierte Muskeln und einen flachen Bauch?*
- *Wie gehst du Probleme an? Verfällst du in endlose Grübeleien?*
- *Glaubst du alles, was du denkst?*

Samtosa

Samtosa ist die zweite Regel und meint „Zufriedenheit". Hierbei geht es nicht um das irdische Glück, das wir empfinden, wenn wir uns etwas besonders Schönes gekauft oder einen Wettbewerb gewonnen haben. Wenn wir vermeintliche Bedürfnisse gestillt haben, die eigentlich nur eine zeitlich begrenzte Zufriedenheit auslösen, um dann in noch höhere Ziele und Wünsche umzuschlagen. Patanjali meint mit Zufriedenheit das unübertreffliche Glück, die himmlische Freude, die wir gerade dann empfinden, wenn sie *nicht* von der Erfüllung irdischer Wünsche abhängen. Das sogenannte wunschlose Glücklichsein ist die Voraussetzung für Samtosa.

- *In welchen Momenten fühlst du dich frei und glücklich?*
- *Bist du eher Optimist oder Pessimist?*
- *Wie kann es dir gelingen, eine positive Grundhaltung dir selbst gegenüber und zum Leben zu etablieren?*

Tapas

Die dritte Regel ist Tapas und wird übersetzt mit „Askese". Askese ist hier die Entsagung, der Verzicht. Zum Beispiel auf Schokolade, Kaffee, Zigaretten, aber auch auf Wohlstand oder Anerkennung. Damit ist aber nicht gemeint, dauerhaft und um jeden Preis auf alles Weltliche zu verzichten, sondern wichtig ist wieder, das Bewusstsein für die eigenen Abhängigkeiten wahrzunehmen und zu schulen, um so an der Loslösung von diesen Bindungen arbeiten zu können.

Wird Askese so zu einem Prozess innerer Befreiung, richtet er sich nicht gegen den Körper und die Sinne, sondern führt, yogisch verstanden, zu ihrer Vervollkommnung. Ohne Abhängigkeit kann man die Dinge genießen, die wirklich gut tun. Und aus der Entsagung, der Askese, entwickelt sich Freude am Körper und an Sinnlichkeit. Damit ist Askese eine gute Übung, um aus alltäglichen Dingen viele, kleinere Glücksmomente entstehen zu lassen.

- *Warum brauchst du nach dem Essen eine Zigarette/einen Espresso/ein Dessert/ eine Süßigkeit?*

- *Warum brauchst du das Lob deiner/s Vorgesetzten nach einem erfolgreichen Projektabschluss?*
- *Warum brauchst du noch mehr Geld auf deinem Sparkonto?*

Svadhyaya

Die vierte Grundregel Svadhyaya bedeutet wörtlich übersetzt „eigenes Studium". In der hinduistischen Tradition bedeutet dies das Studium der heiligen Texte und ihre Rezitation. In der modernen Welt kann die Regel etwas uminterpretiert und eher verstanden werden als Übung der Bewusstseinsschulung, indem der Blick nach innen gerichtet wird. Es geht um die Reflexion des eigenen Denkens und Verhaltens. Dadurch wird es möglich, das Göttliche in der eigenen Existenz zu erfahren und man hat so die Möglichkeit, sich mit der höheren Kraft im Inneren, mit dem göttlichen Funken, dem wahren Selbst, zu verbinden.

- *Aus welchem Grund tust du dies oder jenes?*
- *Welche Glaubenssätze bestimmen dein Denken und dein Handeln?*
- *Bist du mit dir im Reinen?*

Isvarapranidhana

In der fünften Regel, Isvarapranidhana, geht es noch einmal traditionell um die Hingabe an Gott. Doch auch hier ist wieder gemeint, den Blick nach innen zu richten und eine grundsätzliche Haltung der Hingabe und des Vertrauens zu kultivieren, auch in der konkreten Yogapraxis. So wird eine Yogaübung weniger „gemacht", sondern vielmehr „zugelassen". Erst durch die Hingabe in der Praxis kann Yoga sein volles Potenzial entfalten.

Und da es sich bei Yoga nicht nur um eine körperliche Übungspraxis handelt, sondern auch um eine Lebensphilosophie, geht es um die Hingabe und die Kultivierung von Vertrauen in das Leben selbst. Patanjali spricht hier von der „vollkommenen Einung" und meint das Eins-Sein mit dem Göttlichen als Eins-Sein mit mir selbst. Es geht also darum, authentisch zu werden, ich selbst zu werden und den göttlichen Funken in mir zu leben.

Durch das Vertrauen darauf, dass sich das Wesentliche im Leben zum Guten richten wird, kann der Drang danach, ständig „machen zu müssen", losgelassen werden. Dadurch entsteht mehr Freiheit und Lebensfreude.

- *Lebst du ganz im Hier und Jetzt?*
- *Hast du Geduld und kannst darauf vertrauen, dass das Leben gut ist?*
- *Fühlst du dich im „Fluss" des Lebens?*

ASANA - DER UMGANG MIT DEM KÖRPER

Das dritte Glied von Patanjalis Pfad widmet sich der Asana (Körperhaltung). Allerdings handelt es sich hier um ein recht kurzes Kapitel, das lediglich aus drei Sutras besteht. Und er beschreibt darin nicht eine der heutzutage bekannten Körperübungen, die wir als Asanas kennen.

In Sutra II.46 heißt es übersetzt: Die Sitzhaltung soll stabil und glücklich sein. Er beschreibt darin nicht, wie die Bein- oder Armhaltung sein sollte oder dass der Rücken aufrecht gehalten werden soll. Sondern es geht um die beiden Prinzipien „stabil" und „glücklich" in der Sitzhaltung. Das bedeutet, erst, wenn man stabil über einen längeren Meditationszeitraum sitzen kann und dabei glücklich ist, weil es nicht anstrengt, ist ein gutes Sitzen erreicht.

Dies kann man auch auf die modernen Asanas bzw. Körperhaltungen übertragen. Auch diese sollten bei langem Halten stabil und gleichzeitig entspannt, leicht und glücklich sein. Dies ist natürlich die Idealvorstellung und wird höchstwahrscheinlich erst nach einigem Üben erreicht.

Patanjali geht aber hier noch weiter und beschreibt in den zwei folgenden Sutras, dass zum einen die Übung weniger anstrengend ist, wenn man seinen Geist dabei auf die innere Unendlichkeit ausrichtet. Zum anderen löst sich dann die Bindung an die Gegensatzpaare auf.

Was meint er damit?

In jeder Körperhaltung, auch dem Meditationssitz, der ursprünglichen Asana, gibt es für jeden Übenden eine individuelle Grenze, an der er auf Widerstand stößt. Sei es körperlich oder emotional. Diesen Widerstand wahrzunehmen und zu spüren und sich dann auf die „innere Unendlichkeit" auszurichten, macht das wahre Wesen des Yoga aus. Dieses innere Loslassen bewirkt, dass sich alle körperliche Praxis in einen geistigen Prozess der Meditation wandelt.

Darüber hinausgehend sieht Patanjali *Asana* aber auch als yogische Lebenshaltung. So, wie das Sitzen auf dem Kissen und die Körperhaltungen auf der Matte geübt werden, üben wir das Sitzen und Ruhen in uns selbst im Alltag. Die innere Stabilität stellt sich jedoch nur ein, wenn wir nicht mehr an die Gegensatzpaare gebunden sind. Hierunter versteht er nicht nur die üblichen Gegensätze, wie Hitze und Kälte, Freude und Leid, Liebe und Hass, Erfolg und Ablehnung, sondern auch das wichtigste Gegensatzpaar, das den Menschen immer wieder herausfordert: Leben und Tod.

Es sind diese Gegensätze, an die der Mensch in seinem Alltagsbewusstsein gebunden ist, und er versucht meist, die positive Seite der Gegensätze zu vermehren und die negative zu vermeiden.

Lebt der Yogi jedoch in seinem Leben aus der Stabilität der Unendlichkeit heraus, ist er im Innern immer weniger an die Gegensatzpaare gebunden und im Alltag immer weniger zwischen den Gegensätzen hin- und hergerissen. Anstrengung und Bemühungen im Leben und in den Asanas nehmen ab, Blockaden lösen sich auf, Verkrampfungen und Verspannungen schwinden. Unruhe und Getriebenheit kommen zur Ruhe. Körper und Geist werden durchlässig für ein Leben aus der inneren Mitte und der Balance. So wird es möglich, innere Stabilität zu erfahren, in der das Glück hervorkommt, das nicht von außen abhängig ist[34].

- *Achte auf eine regelmäßige Praxis und Übungszeiten.*

- *Achte auf die korrekte Ausführung der Asanas.*
- *Nimm deine eigenen Grenzen und Widerstände wahr.*
- *Genieße deine Yoga-Praxis.*
- *Spüre in dich hinein und nimm wahr, was dir gut tut.*
- *Lass das Außen los und stimme dich auf die „innere Unendlichkeit" ein.*
- *Nimm deine Kraft, Ausdauer, Hingabe und das Glück von der Yogamatte/vom Meditationskissen mit in dein alltägliches Leben.*
- *Kultiviere Gelassenheit und das Ruhen in dir selbst als Lebenshaltung.*

PRANAYAMA - REGULIERUNG DES ATEMS ODER KONTROLLE DER LEBENSENERGIE

Bei dem vierten Glied geht es um die Kontrolle des Atems. Es sollen zwei Qualitäten des Atems erreicht werden: Der Atem soll, wie Patanjali schreibt, lang und zugleich fein sein. Hierbei ist jedoch nicht nur das Ein- und das Ausatmen von Bedeutung, sondern auch das Unterbrechen beziehungsweise Anhalten des Atems. Nur mit dem kontrollierten Anhalten des Atems (Kumbhaka) wird eine Atemtechnik zu einer yogischen Atemtechnik.

In Sutra I.31 beschreibt Patanjali, weshalb diese willentliche Atemunterbrechung so wichtig ist. Es heißt dort: Wenn der Geist zerstreut ist, dann wirkt sich diese Zerstreuung auf die Atmung aus und führt zu „unruhiger und hastiger Atmung". Pranayama setzt genau an dieser Wechselwirkung von Atmung und Geist an und versucht umgekehrt, mit kontrollierter Atmung und Atemunterbrechungen auf den Geist einzuwirken[35]. Yogis wollen also das normale, aus ihrer Sicht unbewusste, hastige und unkontrollierte Atmen unterbrechen, um den Atem zur Ruhe kommen zu lassen und damit auch die alltäglichen Unbewusstheiten zu reduzieren und die Getriebenheit des Geistes zu beruhigen.

Viele yogische Atemübungen zielen darauf ab, den Atem zu verlängern. Fällt es zu Beginn noch schwer, entsteht durch das Üben der Atempraxis nach und nach eine ganz besondere innere Ruhe und Leichtigkeit, der Atem wird lang und fein. Gleichzeitig kommen der Geist und die Gedanken zur Ruhe. Besonders in den Atempausen.

- *Beobachte deinen Atem:*
- *In welchen Situationen fließt er ruhig und gleichmäßig?*
- *Wie fließt dein Atem, wenn du aufgeregt, wütend oder entspannt bist?*
- *Versuche, deinen Atem dazu zu nutzen, um zur Ruhe zu kommen und zu entspannen:*
- *Atme erst ein paar Mal tief durch, wenn du vor Wut platzen könntest, bevor du reagierst.*
- *Atme bewusst lang und tief, wenn du vor einer Prüfung aufgeregt bist.*
- *Nimm wahr, wie mit der Beruhigung deines Atems auch deine innere Ruhe und geistige Klarheit wächst.*

Im Kapitel **Wie Yoga glücklich macht** erfährst du unter „Pranayama" noch mehr über die Wechselwirkung von Atmung und Geist und die Auswirkungen auf unser Nervensystem und auf unsere Gemütslage.

PRATYAHARA - NACH-INNEN-WENDEN DER AUFMERKSAMKEIT AUF DIE WAHRNEHMUNG

Auch dem fünften Glied seiner Yoga Sutras widmet Patanjali nur zwei Sutras. Jedoch entwickelt er daraus wieder eine umfassende Philosophie zum yogischen Veränderungsprozess. So besteht der erste Schritt des Pratyahara darin, alle nach außen gerichteten Sinne nach innen zu wenden und von der Außenwelt zurückzuziehen. Patanjali will jedoch mehr als nur die Abkehr von der Welt: Die Getriebenheit im Außen der Welt soll sich auflösen, sodass der Geist in der inneren Mitte zur Ruhe kommen kann.

Indem du deine Sinne zurückziehst, öffnest du dich den Wahrnehmungen, die sonst viel zu fein sind, als dass deine – von außen beeinflussten – Sinne sie registrieren könnten. Das, was sonst durch das grobe Sieb der Sinne hindurch rieselt, kann nun, im engmaschigeren Sieb deines Geistes, sichtbar werden. Es geht also nicht darum, deine Sinne durch das Zurückziehen und Nach-innen-wenden zu beschränken, sondern die Wahrnehmung des Geistes für Feinheiten zu schärfen, die von Sinneseindrücken gerne überlagert werden. So bildet Pratyahara ein Bindeglied zwischen den äußeren und inneren Aspekten des Yoga.

Aber warum sollten wir diesen „Rückzug der Sinne" anstreben? Vielleicht gehörst du auch zu den Menschen, die das Bedürfnis nach Rückzug aus dieser hektischen äußeren Welt und nach mehr Ruhe im Alltag verspüren. Weil du merkst, dass die Sinneseindrücke, denen wir erlauben, auf uns einzuprasseln, zu Reizüberflutung führen. Ob das Bilder aus Filmen und Nachrichten sind, die wir nicht mehr aus dem Kopf bekommen oder auch zwischenmenschliche Einflüsse wie Bewertungen und Gedanken unserer Mitmenschen, sie alle beeinflussen uns und können unseren Geist vergiften.

Auf der Yoga-Matte können wir üben, den Straßenlärm, die Geräusche der Außenwelt, den Vibrationsalarm des Handys zu ignorieren und unsere Aufmerksamkeit ohne Ablenkung auf unserer Atmung, einer Asana oder einem Mantra ruhen zu lassen. Dabei lernen wir, die Zeit, in der wir kontinuierlich nach innen schauen, zu verdichten und aus dieser Erfahrung heraus ein Gefühl von Klarheit und Ruhe zu generieren. Und dann gelingt es uns, worüber auch immer wir bei dieser Innenschau stolpern, einfach wahrzunehmen, neutral und wach, in Achtsamkeit und gleichzeitig mit sinnlicher Schärfe. Somit ist auch Pratyahara eine yogische Praxis, durch die das unbedingte Glück entstehen kann.

- *Wie gehst du bisher mit den Reizen der Außenwelt um?*
- *Wie klingt dein Lieblingslied? Welche Gefühle oder Erinnerungen löst es in dir aus?*
- *Wie riecht dein Lieblingsduft? Welche Gefühle oder Erinnerungen löst er in dir aus?*
- *Wie fühlt es sich an, in einer körperlich herausfordernden Asana den Atem lang und fein fließen zu lassen?*

DHARANA - DIE KONZENTRATION AUF EINE SACHE

Mit dem sechsten Glied, der Konzentration, beginnt die Meditation des Yoga. Patanjali definiert Konzentration als „Bindung des Geistes an einen Ort". Was so viel heißt wie: Du hältst deinen Geist durch Fokussierung auf eine Sache fest. Dass das gar nicht so einfach ist, können wir jeden Tag feststellen, wenn ständig jemand etwas von uns will, ein Termin den anderen jagt, das Telefon dauernd klingelt und wir keinen klaren Gedanken fassen können. Im Yoga spricht man dann vom „monkey mind", also einem Geist, der wie Affen im Urwald von Ast zu Ast hüpft und keine Sekunde stillsteht. Dabei ist ein klarer Geist so wichtig. Er ist die Basis dafür, bewusst Entscheidungen zu treffen, sich inspirieren zu lassen, kreativ zu sein. In Dharana tust du genau das: Du bändigst die Affen in deinem Kopf und bringst deinen Geist zur Ruhe, indem du dich auf etwas fokussierst und nicht ablenken lässt.

Vielleicht kennst du das wunderbare Gefühl, wenn du aus der Yoga-Stunde kommst: Du fühlst dich rundherum wohl und zufrieden, weil du deinen ganzen Körper bewegt, gekräftigt und entspannt hast. Und auch mental empfindest du Ruhe und Leichtigkeit. Du bist gelassen, entspannt und bist im „Flow" mit dir und deiner Umwelt.

Der Psychologie-Professor Mihály Csíkszentmihályi beschäftigt sich bereits seit den 1970er-Jahren damit, wie Flow-Erlebnisse uns glücklich machen. In Studien fand er heraus, dass Menschen dann am glücklichsten sind, wenn sie vollkommen in einer Sache aufgehen, ihre gesamte Aufmerksamkeit einer Tätigkeit widmen und komplett fokussiert sind – sich also im Flow befinden[36]. Oder yogisch gesagt: Dharana praktizieren.

Dharana gehört neben Dhyana und Samadhi zu den drei Schritten der Meditation, die Selbsterkenntnis, inneren Frieden und Glückseligkeit bringen sollen.

Du kannst Dharana üben, indem du versuchst, deine Atmung zu beobachten.

Und vielleicht dabei registrierst, wie oft du in Gedanken abschweifst. Das ist nicht schlimm, komm einfach zur Beobachtung deiner Atmung zurück und probiere es weiter! Es wird dir mit der Zeit immer leichter fallen, dich zu konzentrieren und zu fokussieren.

- *Hetzt du durch dein Leben und versuchst immer noch, das früher so viel besungene „Multitasking" umzusetzen? Gleichzeitig Musik hören, im TV nebenher eine Doku schauen und auf Facebook schnell noch etwas kommentieren?*
- *Kannst du mal eine Zeit lang dein Handy ausschalten oder weglegen? Zum Beispiel, wenn du dich mit einer lieben Freundin zum Kaffee triffst oder ein Buch liest.*

DHYANA - DIE MEDITATION UND DAS LOSLASSEN

Das siebte Glied kann mit „Meditation" oder „Loslassen" übersetzt werden und lehrt, das Denken gänzlich zum Erliegen zu bringen. Dhyana ist die Disziplin der wahren Meditation. Die Konzentration aus dem sechsten Glied wird hier zu einem Prozess des konzentrierten Loslassens.

Meditation entsteht, wenn man übt, immer weniger zu machen. Dabei wird eine Versenkung geübt, die auf das Erkennen des schöpferischen Prinzips (Gott oder Brahman) vorbereitet. In diesem Zustand offenbaren sich höhere Dimensionen und der Yogi erhält Einblicke ins Absolute. Im Zustand des Dhyana lösen sich alle Formen und Anhaftungen auf. Die Aktivitäten des Geistes kommen gänzlich zur Ruhe. Innerer Frieden stellt sich ein.

- *Wann hattest du das letzte Mal ein Gefühl von absoluter Ruhe?*
- *Wann hast du das letzte Mal etwas aus vollem Herzen genossen? Und warst ganz im Hier und Jetzt?*

Um deine Fähigkeit zu meditieren zu üben, kannst du eine Meditation aus dem modernen Kundalini Yoga praktizieren: die Kirtan Kriya. Dabei wiederholst du das Mantra „Sa – ta – na – ma" (Geburt – Leben/Existenz – Tod/Veränderung – Wiedergeburt), während du Zeigefinger und Daumen (Sa), Mittelfinger und Daumen (ta), Ringfinger und Daumen (na) und kleinen Finger und Daumen (ma) nacheinander zusammenführst.

Beginne damit, das Mantra zunächst für etwa fünf Minuten laut zu chanten (singen), dann für etwa fünf Minuten zu flüstern und es schließlich für zehn Minuten leise in Gedanken zu chanten. Anschließend flüsterst du es wieder fünf Minuten und zum Schluss chantest du es wieder fünf Minuten laut.

Tipp 1: Du kannst diese Meditation mit einer Gehmeditation kombinieren.
Tipp 2: Du findest die Kirtan Kriya auch auf Spotify oder YouTube.

SAMADHI – EINS-SEIN, GLÜCKSELIGKEIT UND VOLLKOMMENE FREIHEIT

Zum Schluss kommt die höchste Stufe des achtgliedrigen Pfades: Samadhi ist der Zustand absoluter Glückseligkeit – das höchste Ziel im Yoga. Und ist Glück(seligkeit) nicht das, wonach wir alle streben? Glück, Freiheit, Liebe, Eins-Sein …

Samadhi heißt so viel wie „etwas ganz nahe an ein anderes heranbringen". Es ist das reine Bewusstsein, die Einheitserfahrung, die Erkenntnis des Allwissens. In Samadhi verschmilzt der Geist vollständig mit dem Gegenstand der Meditation. Alle Attribute, die eine individuelle Persönlichkeit ausmachen, verschwinden. Nichts steht mehr zwischen dem Gegenstand und dem Geist. Er wird eins mit ihm. Es ist die Versenkung, in der keine individuelle Identität mehr vorhanden ist. Es ist eine kontemplative (beschauliche) Erfahrung von Bewusstsein. Ein Gefühl der Einheit mit allem entsteht.

Oder um es mit Eckard Wolz-Gottwald zu sagen: Die letzte Perspektive des Yogaweges ist die Vollkommenheit der ursprünglichen Freiheit im Leben der Einfachheit des Hier und Jetzt[37].

- *Versuche, deinen Geist bei allem, was du tust, immer wieder auf das bewusste Erleben des Hier und Jetzt zurückzuholen.*
- *Nimm die Erfahrung dieser Achtsamkeit mit in deinen Alltag und lebe so die Kraft der inneren Gelassenheit mitten im Gewusel der Welt.*

> *„Gier nach einem Ergebnis verhindert*
> *das Erblühen der Selbsterkenntnis.*
> *Die Suche an sich ist Hingabe,*
> *sie selbst ist die Inspiration."*
> *Jiddu Krishnamurti*

YOGA UND GESUNDHEIT

Die Zahl der psychosomatischen Erkrankungen, wie Rückenschmerzen oder Verdauungsprobleme ohne körperliche Ursachen, sowie Burnout, Depressionen und Ängste nehmen seit Jahren stetig zu und rauben damit immer mehr Menschen die Lebensfreude[38]. Häufig werden über Jahre hinweg eigene Bedürfnisse und Wünsche missachtet, körperliche und soziale Signale nicht wahr-, sondern auf die leichte Schulter genommen und ignoriert. Vor allem ein zentrales Phänomen der modernen Leistungsgesellschaft, das zeigen zahlreiche Studien eindeutig, macht nicht nur der Seele, sondern auch dem Organismus zu schaffen: Stress. Denn dauerhafter Stress stört das Immunsystem, sodass gestresste Menschen anfälliger werden für Krankheiten.

Auch das menschliche Gehirn reagiert sensibel auf belastende Situationen: Bei permanenter Anspannung können Bereiche für rationales Denken schrumpfen und Regionen, die negative Gefühle hervorrufen, werden überaktiv. Darüber hinaus kann dauerhafter Stress das Erbgut verändern[39].

Doch wie macht sich Stress überhaupt bemerkbar? Der anerkannte Stressforscher Gert Kaluza entwickelte eine Checkliste, in der typische Anzeichen von Stress aufgeführt sind[40]:

Körperliche Warnsignale
Herzklopfen/Herzstiche, Engegefühl in der Brust, Atembeschwerden, Schlafstörungen, chronische Müdigkeit, Verdauungsbeschwerden, Magenschmerzen, Appetitlosigkeit, sexuelle Funktionsstörungen, Muskelverspannungen, Kopfschmerzen, Rückenschmerzen, kalte Hände/Füße, starkes Schwitzen, Ohrgeräusche (Tinnitus), Hörsturz.

Emotionale Warnsignale

Nervosität, innere Unruhe, Gereiztheit, Ärgergefühl, Angstgefühle, Versagensängste, Unzufriedenheit/Unausgeglichenheit, Lustlosigkeit (auch sexuell), innere Leere, „ausgebrannt sein", das Gefühl, nur noch zu funktionieren.

Kognitive Warnsignale

Ständig kreisende Gedanken/Grübeleien, Konzentrationsstörungen, Leere im Kopf, Tunnelblick, Tagträume (Flucht in die Traumwelt), Albträume, Leistungsverlust/häufige Fehler, Gefühl, einen Kloß im Hals zu haben.

Warnsignale im Verhalten

Aggressives Verhalten gegenüber anderen/aus der Haut fahren, Fingertrommeln, Füßescharren, Zittern, Zähneknirschen, andere unterbrechen/nicht zuhören können, unregelmäßig essen, Konsum von Alkohol (oder Medikamenten) zur Beruhigung, private Kontakte „schleifen lassen", mehr Rauchen als gewünscht, weniger Sport und Bewegung als gewünscht.

Was auch aus dieser Liste deutlich wird und heute langsam wieder in das Bewusstsein von Medizinern zurückkehrt, ist in naturheilkundigen und ganzheitlichen Konzepten seit Jahrhunderten bekannt: Psyche (Geist, Seele) und Soma (Körper) sind eine Lebenseinheit, die miteinander agieren und reagieren, also miteinander vital und auch miteinander krank sind. Der Körper reagiert, wenn die Psyche krank ist und die Psyche reagiert, wenn der Körper krank ist.

Schon durch einfache Selbstbeobachtung kannst du den Zusammenhang erkennen: Hast du beispielsweise schon mal Halsschmerzen bekommen, nachdem du Ärger oder Krach mit jemanden gehabt hast? Dein Körper reagierte auf ein Erlebnis. Du hast vor Wut „einen dicken Hals" bekommen, weil dir etwas nicht passte, du dies nicht ausdrücken konntest und weil deine Argumente nicht gehört oder anerkannt wurden. Ähnlich ist es bei Situationen, von denen man „die Nase richtig voll hat" – der Körper reagiert mit Schnupfen auf die mentale Erkenntnis, dass irgendetwas zu viel ist und ins Stocken gerät. Viren oder Bakterien sind in diesem Fall zwar die biologischen Krankmacher, aber psychosomatische Zusammenhänge, wie Stress, sind der Grund, warum das generell sehr ausgeklügelte und über Jahrtausende exzellent bewährte Immunsystem des Menschen zeitweilig situativ versagt. Der Auslöser einer Erkrankung liegt also auch in der mentalen wie emotionalen Reaktion in der Psyche des Menschen.

Im antiken Griechenland wurde der Begriff „Psyche" (Hauch, Atem) als Synonym für das Wort Seele benutzt und sehr umfassend verwendet. Sie war der Ort menschlichen Fühlens und Denkens. So war sie die Summe aller geistigen Eigenschaften und Persönlichkeitsmerkmale eines Menschen und wurde auch als Lebenshauch oder göttliche Energie verstanden, die den materiellen Körper lebendig macht. Die spirituellen Hintergründe des Yoga lehren ebenfalls, dass die Seele sich in einem Körper inkarniert (geboren wird), um mit ihm ein Erdenleben zu leben und den Körper mit dem letzten Atemhauch verlassen, was den körperlichen Tod einleitet. Die Seele stellt demnach eine energetische Verbindung zum Körper her. Körper, Geist und Seele bilden im Yoga zusammen eine lebendige, miteinander verbundene, agierende und erlebende Trinität hier auf Erden.

In der Medizin ist dies der Bereich der Psychosomatik. Es handelt sich dabei um eine medizinisch-psychologische Krankheitslehre, die psychischen Prozessen und psychosozialen Einflüssen bei der Entstehung und Heilung körperlicher Leiden eine wesentliche Bedeutung beimisst und auch körperliche Faktoren für die Entstehung psychischer Störungen mitverantwortlich macht[41].

Die Lehre der Psychosomatik, also die reaktive Verbindung zwischen Geist und Körper, schenkt uns hilfreiche Erkenntnisse, mit denen wir uns selbst besser kennenlernen und einschätzen können. Dies ist auch das Ziel von Yoga. Es geht um die harmonisch schwingende Verbindung zwischen Körper, Geist und Seele. Wir praktizieren Asanas, um uns körperlich auf die Meditation vorzubereiten und Meditation, um Selbsterkenntnis zu erlangen, sowie Ruhe und Frieden zu erfahren. Damit beeinflussen wir unsere Psyche positiv.

Um also psychischen Krankheiten und Leiden vorzubeugen und/oder zu lindern, ist es immens wichtig, Stress zu reduzieren, sich entspannen zu können und die eigenen Wünsche und Bedürfnisse (wieder) wahrzunehmen. Hierbei kann Yoga als Lebensphilosophie, Entspannungs- und Selbsterkenntnismethode, die eine große Bandbreite von körperlichen und meditativen Übungen umfasst, helfen. Spezielle Übungen mit kombinierten Atem-, Körper- und Entspannungsübungen aus dem Hatha Yoga sowie Meditation können die Fähigkeit zur Entspannung und zur Achtsamkeit und somit die Wahrnehmung eigener Bedürfnisse und Wünsche fördern. Gleichzeitig aktivieren sie die Selbstheilungskräfte, sie fördern das Wohlbefinden, verhelfen zu mehr Gelassenheit und verbessern dadurch die Work-Life-Balance. Yoga bringt uns zur Ruhe, hilft Belastendes loszulassen und wieder zu uns selbst zu finden.

Zudem fördert Yoga Kompetenzen wie Kreativität, Intuition, Durchsetzungsfähigkeit, Zielgerichtetheit, persönliche Ausstrahlung, Durchhaltevermögen und Kommunikationsfähigkeit und dient der Reduzierung von Stress-Symptomen wie Konzentrationsstörungen, Verspannungen in Schultern und Nacken, Nervosität und unfokussierter Überaktivität. Er unterstützt geistige Klarheit, Zentriertheit und trainiert den bewussten Umgang mit dem Nervensystem. Innere Ruhe, Gelassenheit, Belastbarkeit und starke Präsenz stellen sich ein.

WIE YOGA GLÜCKLICH MACHT

Dass Yoga glücklich macht, kann man in mittlerweile zahlreichen Studien nachlesen, doch *wie* wirkt es eigentlich?

Eine systematische Auswertung von über 50 Yoga-Stilen in 2016 in Bezug auf die heilenden und glücksfördernden Wirkungen ergab, dass unterschiedliche Yoga-Stile nicht zu unterschiedlichen Ergebnissen führten, sondern im Gegenteil: Yoga hatte grundsätzlich einen positiven Einfluss auf die Praktizierenden. Unabhängig vom Stil fühlten sie sich nach der Yogapraxis glücklicher, ruhiger, weniger gestresst, flexibler, gestärkt, fokussierter und innerlich mit einer tieferen Ebene des Seins verbunden. Und dass, obwohl die praktizierten Yoga-Stile sehr verschieden waren[42]. Alle Yoga-Richtungen haben jedoch eines gemeinsam: Der Fokus in der Praxis wird auf die bewusste Atmung sowie den Einklang von Bewegung und Atmung gelegt. Und mithilfe unseres Atems können wir direkt Einfluss auf die Aktivität unseres Nervensystems nehmen.

Sobald wir einen bewussten Atemzug nehmen, verlagert sich die Atemkontrolle vom Hirnstamm, in dem die Funktionen des vegetativen (auch: autonomen) Nervensystems verarbeitet werden, hin zum präfrontalen Cortex, in dem bewusste Entscheidungsfunktionen ablaufen. Dies hat den tief greifenden Effekt, dass wir die Kontrolle über unsere Atmung erlangen. Sie läuft nicht mehr automatisch (autonom) ab, sondern wir können bewusst die Tiefe und Länge unseres Atemzugs (in einem gewissen Umfang) steuern und so auch unser vegetatives Nervensystem beeinflussen.

Die positiven Effekte von Yoga auf unser Wohlbefinden und die Psyche scheinen demnach über das vegetative Nervensystem zu erfolgen. Das ist jener Teil unseres Nervensystems, der unsere Vitalfunktionen, wie Atmung, Herzschlag, Blutdruck, Verdauung, „unbewusst", eben autonom, steuert. Dieser wird unterteilt in den Sympathikus, den Parasympathikus und das Darmnervensystem. Dabei ist der Sympathikus zuständig für nach außen gerichtete Handlungsfähigkeit, er aktiviert Herz, Kreislauf und Atmung und senkt gleichzeitig die Aktivität des Magen-Darm-Trakts. Während der Parasympathikus für die Steuerung der inneren Organe und verschiedene Wiederherstellungsprozesse zuständig ist, wie die Verdauungstätigkeit. Kreislauf und Atmung beruhigen sich, wenn er aktiv ist. Beim achtsamen Yoga mit bewusster Atmung und der Meditation verschiebt sich das Gleichgewicht zwischen Sympathikus und Parasympathikus Richtung Parasympathikus[43]. Eine Studie weist nach, dass bereits durch ein achtwöchiges Training von Achtsamkeits- und Meditationsübungen das Wohlbefinden bzw. Glücksempfinden gesteigert werden kann[44].

PRANAYAMA – DAS GLÜCK IM ATEM

Atem ist Leben. Wir können tagelang ohne Nahrung oder Wasser leben, aber bekommen wir keine Luft, keinen Sauerstoff mehr, sterben wir innerhalb von Minuten. Daher ist es erstaunlich, wie wenig Aufmerksamkeit wir im normalen Leben der Bedeutung des richtigen Atmens widmen. Lenken wir unsere Aufmerksamkeit jedoch mal auf unseren Atem, können wir feststellen: Ein tiefer und bewusster Atem bringt uns mit unserer Lebensenergie, Kraft und Klarheit in Verbindung. Ein langer und ruhiger Atem wirkt beruhigend auf unseren Geist. Und ein flacher, schneller Atem ist oft Ausdruck für innere Unruhe oder Anspannung.

Schon sehr früh haben Yogis diesen Zusammenhang und die Wechselwirkung von Atmung mit emotionalen, energetischen, mentalen und physischen Prozessen beobachtet und ein System aus komplexen und hochwirksamen Atemtechniken entwickelt. Die bewusste Atmung ist seither ein essenzieller Bestandteil des Yoga.

Für einen Yogi erfüllt korrektes Atmen zwei Hauptfunktionen:

- Es bringt mehr Sauerstoff ins Blut und damit zum Gehirn.
- Es kontrolliert Prana bzw. die Lebensenergie, was wiederum zur Kontrolle des Geistes führt.

Pranayama ist somit die Lehre der Atemkontrolle. Diese besteht aus einer Reihe von Übungen, die vor allem die oben genannten Bedürfnisse erfüllen und den Körper in strahlender Gesundheit erhalten sollen. Zusätzlich haben die verschiedenen Atemübungen unterschiedliche Auswirkungen auf unser Nervensystem und damit auf An- und Entspannung und unseren Gemütszustand.

Es gibt drei Grundtypen der Atmung:

- Schlüsselbeinatmung (oberflächlich)
- Brustatmung (mittel)
- Bauchatmung (tief)

Dies sind auch die drei sog. Atemräume. Es gibt darüber hinaus noch einen vierten Atemraum, den unteren Rücken. Dieser wird besonders in Yogapositionen spürbar, die mit der Verengung des Brust- und Bauchbereichs einhergehen.

Die volle Yoga-Atmung vereint diese drei Arten. Sie beginnt mit einem tiefen Atemzug in den Bauch und setzt die Einatmung über Brust und Schlüsselbein fort. Die Ausatmung erfolgt in umgekehrter Reihenfolge.

Die meisten Menschen haben vergessen, wie man richtig atmet. Sie atmen flach, durch den Mund und beanspruchen das Zwerchfell kaum oder nur wenig. Entweder heben sie beim Einatmen die Schultern oder ziehen den Bauch ein, sie nehmen so nur wenig Sauerstoff auf und füllen damit auch nur die Lungenspitzen. Dies führt zu einem Verlust an Spannkraft und mindert die Abwehrkräfte.

Die Yogapraxis erfordert es nun, dass man diese Angewohnheiten ändert. Richtiges Atmen bedeutet: bei geschlossenem Mund durch die Nase atmen, voll ein- und ausatmen, um wirklich die Lunge vollständig einzubeziehen. Wenn du ausatmest, zieht sich der Bauch zusammen, das Zwerchfell hebt sich und massiert dabei das Herz beim Einatmen dehnt sich der gesamte Bauch, das Zwerchfell senkt sich wieder und massiert die Bauchorgane.

Pranayama besteht aus drei Teilen pro Atemzug:
- Einatmen
- Anhalten
- Ausatmen

Vielfach wird das Einatmen für die wichtigste Phase der Atmung gehalten, doch liegt der Schlüssel im Ausatmen, denn: Je mehr verbrauchte Luft du ausatmest, desto mehr frische Luft kann man wieder einatmen. Daher betonen Yoga-Atemübungen vor allem eine verlängerte Phase des Atemanhaltens und des Ausatmens. Tatsächlich ist in einigen Übungen die Ausatmung doppelt so lang wie die Einatmung, das Anhalten des Atems viermal so lang.

Beim Einatmen durch die Nase wird die Luft gefiltert und erwärmt. Vom Yoga-Standpunkt aus ist jedoch der ausschlaggebende Grund für die Nasenatmung das Prana (Lebensenergie). Genauso wie man durch die Nase atmen muss, um die Gerüche aus der Luft aufzunehmen, muss man durch die Nase atmen, um möglichst viel Prana aufzunehmen. Denn in der Nasenhöhle liegen die Geruchsorgane, an denen Prana vorbeistreicht, um ins Zentralnervensystem und ins Gehirn zu gelangen.

Die Wirkung der Yoga-Atmung

Yoga-Atemübungen lehren, wie man Prana und damit den Geist kontrollieren kann, denn beide hängen voneinander ab. Ist man ärgerlich oder ängstlich, atmet man flach, schnell und unregelmäßig; umgekehrt verlangsamt sich die Atmung sobald man entspannt oder tief in Gedanken versunken ist.

Das kannst du leicht selber ausprobieren. Lausche einen Augenblick dem leisesten Geräusch im Raum: Unbewusst wird sich durch die Konzentration die Atmung verlangsamen oder gar aussetzen.

Da sich der Geistes- und Gemütszustand in der Atmung widerspiegeln, folgt daraus, dass man durch Atemkontrolle lernen kann, den Geist und damit auch seinen Gemütszustand über das vegetative Nervensystem zu kontrollieren. Damit kannst du dich durch bewusste Atemkontrolle aus einem ängstlichen, gestressten Zustand in einen entspannten und glückseligen Zustand bringen.

Um die Grundzüge der Atemkontrolle zu verinnerlichen, ist es wichtig, zu verstehen, wie das vegetative Nervensystem in unserem Körper funktioniert.

Das vegetative Nervensystem unterteilt sich in drei verschiedene Nervensysteme, von denen zwei besonders interessant sind:

Der **Sympathikus** versetzt den Körper in einen Zustand höherer Aufmerksamkeit und Fluchtbereitschaft. Ein Mensch, der einer unmittelbaren Stresssituation oder Gefahrenquelle ausgesetzt ist (zum Beispiel durch ein wildes Tier), wird versuchen, die Flucht zu ergreifen. Dafür benötigt er mehr Blut in den Muskeln, um flüchten zu können. Das Herz muss demnach mit einer höheren Pumpfrequenz arbeiten.

Sobald der Sympathikus mit höherer Aktivität arbeitet, beginnt der Mensch zu schwitzen, da der Sympathikus auch die Schweißdrüsen aktiviert. Seine Lunge arbeitet stärker, um mehr Sauerstoff ins Blut zu schaffen.

In diesem Beispiel bedeutet die Aktivierung des Sympathikus also erhöhte Aufmerksamkeit. Der Körper und die Psyche werden durch den Sympathikus in Alarmbereitschaft gesetzt.

Der Sympathikus ist kein Organ, das sich wie beispielsweise das Herz oder die Leber an einem bestimmten Ort im Körper befindet. Vielmehr ist der Sympathikus im ganzen Körper verteilt. Die Nervenzellen des Sympathikus entspringen im Brust- und Lendenrückenmark. Ihre Fortsätze münden zum Teil in benachbarte Zellansammlungen, den sogenannten Ganglien. Die Ganglien sind untereinander nach oben und unten verbunden, sodass rechts und links vom Rückenmark ein perlschnurartiges Gebilde entsteht. Der aktivierte Sympathikus setzt in den Ganglien den Neurotransmitter Noradrenalin frei und schickt ihn zu den Zielorganen. Dort angekommen bindet sich Noradrenalin an bestimmte Andockstellen (Alpha- und Betarezeptoren) und stimuliert so die Organe.

Der **Parasympathikus** bringt den Menschen in einen Ruhezustand – er sorgt zum Beispiel dafür, dass die Herzfrequenz und der Blutdruck sinken und die Verdauungsaktivität steigt.

Wie der Sympathikus befindet sich auch der Parasympathikus nicht an einer bestimmten Stelle im Körper, sondern ist im ganzen Körper verteilt. Die Ursprungsneurone des Parasympathikus liegen entweder im Hirnstamm oder im sakralen Rückenmark (das heißt im unteren Bereich der Wirbelsäule). Etwa 75 Prozent aller Nervenfasern des Parasympathikus entspringen im Hirnstamm. Sie regulieren die Funktion der Augen, der Drüsen, des Herzens, der Bronchien, der Nieren und des Magen-Darm-Trakts. Die parasympathischen Nervenfasern, die ihren Ursprung im sakralen Rückenmark haben, steuern den Dickdarm, die Genitalien und die Harnblase.

Sobald höhere Zentren (z. B. der Hypothalamus) den Parasympathikus aktivieren, setzen die Nervenzellen im Hirnstamm und im Sakralmark den Neurotransmitter Acetylcholin frei und schicken ihn zu den Ganglien in Richtung der Zielorgane.

Beim Parasympathikus befinden sich die Ganglien in der Nähe oder sogar innerhalb der Organe. Das ankommende Acetylcholin regt die Ganglien wiederum dazu an, ebenfalls Acetylcholin freizusetzen. Dieser Neurotransmitter wirkt dann direkt auf das Organ und führt dazu, dass du dich entspannst, dich wohlfühlst, und sorgenfrei bist. Auf körperlicher Ebene bewirkt der Parasympathikus u. a. die Verengung deiner Pupillen (während der Sympathikus die Pupillen erweitert).

Indem du also deine Atmung regulierst, kannst du nicht nur den Parasympathikus aktivieren, um deine Entspannung zu fördern, du erhöhst auch die Aufnahme von Sauerstoff und Prana und bereitest dich damit gleichzeitig für die Praxis der Konzentration und Meditation vor.

Den Atem bewusst zu steuern, ist eine sehr wirkungsvolle und verhältnismäßig einfache Methode, den Fokus auf dich zu richten und die Emotionen ins Gleichgewicht zu bringen.

> *„Wenn du die Herausforderungen deines Lebens meistern willst,*
> *lebe in der Atmung."*
> *Amit Ray*

Doch nicht nur die Atmung beeinflusst über das Nervensystem unsere Stimmung, unsere Emotionen und unseren Geist. Auch die unterschiedlichen Körperhaltungen (Asanas) haben verschiedene Wirkungen auf unseren Körper und unsere Psyche. Um diese zu spüren, ist jedoch eine gute Körperwahrnehmung, also das aktive Lenken der Aufmerksamkeit auf unser Körperinneres, unerlässlich.

ASANA - DAS GLÜCK IM KÖRPER

Unsere heutige Welt ist gekennzeichnet durch Komplexität, Informationsvielfalt und schnelle Veränderungen. Wir versuchen, mit der beschleunigten Taktung des Lebens mitzuhalten, und verlieren dabei oft den Kontakt zu uns selbst. Unsere Psyche meldet sich über den Körper zu Wort, aber wir hören sie nicht (mehr). Unsere Eigenwahrnehmung ist verschüttet. Bei seelischer „Verspannung" und Unausgeglichenheit kommen den Muskeln und Faszien in unserem Körper eine besondere Bedeutung zu: Durch Stress ziehen sie sich zusammen und bei Dauerstress ist eine natürliche Entspannung kaum noch möglich. Durch das aktive Entspannen der Muskeln über die Lenkung der Aufmerksamkeit auf einzelne Körperteile beispielsweise in der yogischen Tiefenentspannung (Savasana) können Verspannungen wahrgenommen und bewusst losgelassen werden. Das Schließen der Augen während des Haltens einzelner Asanas und in der Entspannung erlaubt einen visuellen Rückzug und ein Erspüren von sich selbst. Übungen mit geschlossenen Augen schulen die Wahrnehmungsfähigkeit in der Tiefe. Wenn uns die Fähigkeit zur Körperwahrnehmung im Alltag verloren gegangen ist, können wir sie uns mit Yoga zurückholen.

Sthira sukham asanam lautet Patanjalis Sutra II.46. *Sthira* bedeutet „fest" und steht für Stärke und Standfestigkeit, *Sukha* kann mit „leicht" oder „biegsam" übersetzt werden und ist Sinnbild für Leichtigkeit und Gleichmut[45]. Und auch wenn Patanjali hier eigentlich zunächst nur von der Sitzhaltung und dann im übertragenen Sinne von der yogischen Haltung gegenüber dem Leben schreibt, kann diese Sutra als konkrete Anweisung für alle Körperhaltungen verstanden werden: Du sollst in deinen Asanas so sein, und so sollen die Asanas gehalten werden – fest und leicht.

Im Allgemeinen wirken Asanas auf körperlicher, energetischer, mentaler, emotionaler und spiritueller Ebene[46]:

Bewegungsapparat
- Verbesserung der Knochenstruktur
- Kräftigung der tief liegenden Rumpf aufrichtenden Muskulatur
- Aufrichtung und Stabilisierung der Wirbelsäule
- Verbesserung der Körperhaltung und Ausgleich von muskulärem Ungleichgewicht
- Kräftigung und Dehnung der Skelettmuskulatur
- Verbesserung der motorischen Fähigkeiten (Beweglichkeit, Koordination, Gleichgewicht)

Herz-Kreislauf-System
- Verbesserung der Blutzirkulation und der Durchblutung innerer Organe
- Regulierung des Blutdrucks

Verdauungssystem
- Massage der inneren Organe
- Anregung des Stoffwechsels
- Anregung des Verdauungsfeuers und der Ausscheidungsprozesse

Atemsystem
- Verbesserung des Atembewusstseins
- Öffnung der Atemräume
- Vertiefung der Atmung und Verbesserung des Atemvolumens
- Entsäuerung des Körpers durch vertiefte Ausatmung
- Vermehrte Aufnahme von Sauerstoff

Nervensystem
- Beruhigung des Nervensystems durch Stimulierung des Parasympathikus
- Entwicklung von Entspannungsfähigkeit

Hormonsystem
- Vermehrte Ausschüttung von Endorphinen, die als körpereigenes Opiat schmerzlindernd wirken und Gefühle von Wohlbefinden und Glückseligkeit hervorrufen können.

Mentale und emotionale Wirkungen
- Verbesserung der Konzentrationsfähigkeit
- Verbesserung der Wahrnehmung
- Verbesserung des Körperbewusstseins

Geistig-seelische Wirkungen
- Ausgleich, Achtsamkeit, innere Ruhe und tiefe Kraft
- Geduld, Stabilität, Gelassenheit, Glück

Spirituelle Wirkungen
- Da Spiritualität sehr unterschiedlich empfunden und gelebt wird, stellen sich die Wirkungen im Laufe der Yogapraxis nach und nach individuell ein.

- Laut Patanjali zeigen sich die spirituellen Wirkungen in der Loslösung und der Befreiung (siehe auch Abschnitt „Samadhi" im Kapitel **Der achtgliedrige Pfad des Patanjali**).

Aber auch im Besonderen haben unterschiedliche Arten von Asanas verschiedene Wirkungen.

Standhaltungen - Stabilität im Innen und Außen gewinnen

Das Bedürfnis nach Stabilität, Erdung und Klarheit in der heutigen Zeit ist riesig. Kein Wunder: Immer mehr Impulse prasseln täglich auf uns ein, immer mehr Menschen fühlen sich getrieben und gehetzt wie in einem Hamsterrad. Wir alle kennen das, wenn unsere Gedanken sich überschlagen und wir die Aufmerksamkeit für den gegenwärtigen Moment verlieren. Je weniger wir aber mit uns verbunden sind, desto schwerer fällt es uns, ungewollte Einflüsse abzuwehren, bei uns zu bleiben und uns abzugrenzen. Wir verlernen zu fokussieren, zu filtern, zu differenzieren und bewegen uns wie ein Fähnchen im Wind in alle Richtungen. Und wünschen uns doch nichts mehr, als stark und stabil zu sein, präsent wie ein Berg, fest verankert in der Erde.

Standhaltungen sind Positionen, die grundsätzlich eher schnörkellos, klar und mächtig sind. Und dadurch geben sie uns genau die Kraft, Stabilität und Präsenz, die wir brauchen, um uns mit uns selbst zu verbinden und unseren Weg mit großer Klarheit zu gehen.

Körperlich kräftigen Standhaltungen vor allem die Bein- und Rückenmuskulatur und sorgen so schnell für eine Stärkung großer, wichtiger Muskelpartien.

Zudem beeinflussen stehende Asanas die Körperhaltung positiv. Du lernst durch sie das Fundament, deine Füße, korrekt auszurichten, sodass das Körpergewicht gleichmäßig verteilt ist. Erst durch diese Ausrichtung der Basis, durch dein wachsendes Gefühl für ein stabiles Fundament, kannst du deine Gelenke schonend belasten, dich optimal von unten nach oben ausrichten und die stabilisierende Qualität der Standhaltungen erfahren.

Die Kraft, die du in Standhaltungen spürst, hilft dir präsent im Moment zu sein, schafft Selbstvertrauen und Stärke für die Herausforderungen im Leben. Ganz nebenbei verbessern stehende Positionen die Körperwahrnehmung und fördern vor allem innere Kraft, Mut und Ausdauer. Wenn du regelmäßig Standhaltungen übst, kultivierst du damit eine inneres Grundgefühl von Stärke, das dir Halt und Kraft im Umgang mit den Verrücktheiten des Lebens gibt – und das mit einem Lächeln im Gesicht, einem Gefühl der Freude und der Gewissheit, dass du trotz der Herausforderung standhaft bleiben wirst.

Vorbeugen - das Zulassen und das Loslassen erlernen

Vorbeugende Asanas im Yoga sehen eher unspektakulär aus, haben jedoch eine tiefe und breit gefächerte Wirkung. Regelmäßig geübt helfen diese Asanas dabei, den weitverbreiteten „Zivilisationsbeschwerden" entgegenzuwirken, und sind die perfekte Prävention dagegen. Damit sind nicht nur solche Beschwerden gemeint, die sich durch monotone Tätigkeiten und langes Sitzen am Schreibtisch irgendwann einstellen. Auch Menschen, die keinen Bürojob haben, bewegen sich heutzutage meist nicht genug oder falsch bzw. einseitig – wir leben in der „modernen" westlichen Welt einfach nicht körpergerecht.

Viele der Bewegungen, für die unser Körper konstruiert wurde und die er eigentlich braucht, um gesund zu bleiben und optimal zu funktionieren, führen wir nur selten oder gar nicht mehr aus. So auch das Vorbeugen: Von der Natur wurde uns ein Körper gegeben, für den es überhaupt kein Problem ist, mit der flachen Hand bis zum Boden zu kommen. Würden wir regelmäßig Dinge vom Boden aufheben, wäre diese einfache Bewegung kein Problem. Da wir aber meist sitzen oder uns maximal bis zu einem Regal hinunterbeugen, ist es faktisch für den Großteil der „zivilisierten" Menschheit schon eine Herausforderung, die Fingerspitzen auch nur ansatzweise Richtung Boden zu führen. Bei Menschen, die hauptsächlich Tätigkeiten am Schreibtisch ausführen, gibt es hier sogar beträchtliche Einschränkungen bis hin zu chronischen Schäden der Wirbelsäule. Übungen aus der Gruppe der Vorbeugen können diesen Beschwerden nicht nur vorbeugen, sondern bereits vorhandene Leiden mildern.

Anatomisch betrachtet sind Vorbeugen intensive Dehnungen der gesamten Körperrückseite, vor allem aber der Beinrückseiten und des untern Rückens. Das kann heißen, dass man sich vorsichtig durch ein paar unangenehme Erscheinungen wie leichte bis stärkere Dehn-Schmerzen arbeiten muss. Und auch auf mentaler Ebene können Vorbeugen uns an die Grenze der Komfortzone bringen, Ungeduld und der Impuls, diese Asana zu beenden, können auftreten.

Körperlich wirken sie vor allem auf den gesamten Rücken- und Bauchraum. Bei einer Verkürzung oder Verkrümmung der Lendenwirbelgegend zum Beispiel kann ich durch Vorbeugen die Wirbel auseinander dehnen und der Wirbelsäule damit zurück in ihre natürliche Form helfen. Der Bauchraum wird bei einer tiefen Vorbeuge komprimiert, wodurch die Organe im Bauch angeregt und „massiert" werden. Hierdurch kurble ich zum Beispiel die Verdauung an und unterstütze das Immunsystem. Auch die Beinrückseiten und Gesäßmuskeln werden gedehnt, was bei vorwiegend sitzender Tätigkeit eine Wohltat ist. Durch die Neigung des Kopfes nach vorn und/oder unten findet eine erhöhte Durchblutung des Kopfraumes statt – dies hat unter anderem gesteigerte Konzentration und Beseitigung von Müdigkeit zur Folge. Übrigens sagt man Vorbeugen auch nach, dass sie durch die Kombination ihrer Wirkungen verjüngend wirken …

Vorbeugen werden auch als Hingabe- und Demutshaltungen bezeichnet. Wir verneigen uns vor dem, was höher und größer ist als wir. Somit lassen wir die Kontrolle los, geben uns hin und verlieren die Sicht auf das, was um uns herum geschieht. Daher haben Vorbeugen auf mentaler Ebene auch eine nach innen fokussierende Wirkung. Schon die Körperposition zeigt, je nach Fortschritt des Übenden, eine klar introvertierte Haltung. So können Vorbeugen nach einem stressigen Tag dabei helfen, den zerstreuten Geist nach innen zu richten und wieder bei sich selbst anzukommen. Schultern und Nacken können entspannen, und die Last des Tages kann von ihnen abfallen.

Das Stichwort „Loslassen" ist bei allen Vorbeugen essenziell wichtig. In keiner Vorbeuge macht man mit Kraft oder Gewalt große Fortschritte. Viel eher bringen dich hier Geduld und Weichheit weiter.

Diese Herangehensweise zeigt übrigens auch gute Erfolge, wenn du sie auf stressige Situationen im (Arbeits-)Alltag anwendest. Je besser ich loslassen kann, je weicher ich mich durch den Dehnschmerz hindurch atme, desto tiefer werde ich in die Dehnung hineinsinken können. Vorbeugen können dir so auch helfen, deine Achtsamkeit zu schärfen und einen guten Radar dafür zu entwickeln, wie weit du in welcher Stellung (oder Situation) gehen kannst, ohne dich zu verletzen.

Vorbeugen sind allgemein ein guter Spiegel dafür, wie wir mit uns selbst umgehen – oder umgegangen sind. Sie verraten uns viel über uns selbst und können uns damit ein Wegweiser zum inneren Frieden werden:

- Versuchen wir, Dinge zu erzwingen?
- Können wir uns leicht an Situationen und Veränderungen anpassen?
- Wie sieht es mit der Hingabefähigkeit aus?

Wie viele körperliche Blockaden oder Widerstände sich beim Üben von Vorbeugen zeigen, ist ein Indikator dafür, wie sehr wir uns in der Vergangenheit falsch oder zu wenig bewegt haben.

Wie wir mit dem Auflösen dieser Widerstände umgehen, ist ein Zeichen dafür, wie es mit unserer Bereitschaft zum Auflösen alter oder akuter körperlicher und mentaler Themen aussieht. Und wie präsent Blockaden in Körper und Geist in der Zukunft sein werden, hängt davon ab, wie fleißig wir unsere Vorbeugen üben – und den Widerständen damit vorbeugen!

Rückbeugen - das Herz öffnen

Rückbeugen, vor allem fortgeschrittene Asanas, führen bei vielen Yoga-Anfängern oft zu Reaktionen wie „Das schaffe ich nie!", „Mir tut schon beim Zusehen alles weh!" oder „Das versuche ich gar nicht erst!". Interessanterweise treffen viele Menschen solche Aussagen auch in Alltagssituationen. Rückbeugen können bei diesen Ängsten helfen – sowohl physisch als auch mental.

Um die Wirkung von Rückbeugen auf Körper und Geist zu erfahren, müssen es jedoch keine extremen oder fortgeschrittenen Asanas sein. Ausreichend sind einfache Stellungen, die auch Anfänger praktizieren können. Um Verletzungen zu vermeiden, sind die richtige Ausführung sowie Geduld und Respekt vor den eigenen Grenzen nötig.

Anatomisch sind Wirkungen von Rückbeugen einfach erklärt: Die Brustwirbelsäule wird nach hinten gestreckt, damit der Brustkorb geweitet sowie der Lungen- und Herzbereich gedehnt werden. Die Rückenmuskulatur wird gestärkt, die Körpervorderseite, insbesondere Brust- und Bauchmuskeln, Zwischenrippenmuskeln, Leisten und die vordere Oberschenkelmuskulatur dehnen sich. Insgesamt wird die Brustwirbelsäule beweglicher und der Torso geschmeidiger. Dysbalancen, die durch zu langes Sitzen entstehen, können mit Rückbeugen ausgeglichen werden.

Das Verdauungssystem wird gestreckt, dadurch kannst du Beschwerden wie Sodbrennen oder Verdauungsschwierigkeiten lindern. Durch die Dehnung der gesamten Atemhilfsmuskulatur wird bei regelmäßigem Üben von Rückbeugen der Atem vertieft, und die Qualität des Atems nimmt zu. Damit verstärkt sich die Sauerstoffversorgung des Körpers, was energetisierend und verjüngend auf Körper und Geist wirkt. Der Zellstoffwechsel steigt, und die Konzentration verbessert sich.

Rückbeugen stimulieren außerdem die Thymusdrüse. Sie sitzt hinter dem Brustbein und steuert, vereinfacht gesagt, die Abwehrkräfte im menschlichen System, indem hier die wichtigen T-Lymphozyten (weißen Blutkörper) „geschult" werden.

Allen Rückbeugen ist gemeinsam, dass sie den Rücken und die Fähigkeit stärken, sich „gerade zu machen", sich aufzurichten, Verspannungen in Schulter- und Nackengegend lösen und das Atemsystem unterstützen. Einzelne Rückbeugen können aber sogar Krankheiten wie Asthma und andere Atemwegsbeschwerden, Rheuma, Diabetes oder sogar Menstruationsbeschwerden lindern. Zudem kurbeln etliche Rückbeugen die Entgiftung und Fettverbrennung an.

Für physische Schwierigkeiten in den Bereichen, die von Rückbeugen beeinflusst werden, gibt es diverse Gründe. Ganz weit vorn: Schreibtischarbeit. Die meisten Menschen, die hauptberuflich Bürotätigkeiten am Computer ausüben, haben früher oder später mit Schulter- und/oder Rückenproblemen zu tun, die sich wiederum auf verschiedene Bereiche des Körpers auswirken. Der Rundrücken (med. Hyperkyphose) ist weit verbreitet und führt durch Komprimierung der Brustwirbel nicht nur zu Einschränkung der Atmung mit verminderter Vitalkapazität der Lungen, sondern auch zu Herz-Kreislauf-Problemen und Magen-Darm-Mobilitätsstörungen. Im Alter verstärkt sich der Rundrücken übrigens, am schnellsten zwischen dem 50. und 60. Lebensjahr – weswegen Hyperkyphose nachgewiesen zu höherer Sterblichkeit führt. Durch das Üben von Rückbeugen kann der ungesunden Haltung an der Tastatur entgegengewirkt werden. Yogis haben also die Chance, bis ins hohe Alter aufrecht und gesund zu bleiben!

Hinsichtlich der psychischen Wirkungen gibt es bei den Rückbeugen ein zentrales Thema: das Herz. Kaum eine andere Asana-Gruppe hilft so sehr bei Themen, die das Herz betreffen. Und haben wir nicht alle manchmal Herzschmerz? Geht es uns emotional nicht gut, weil wir etwa Liebeskummer haben, ist mitunter sogar vom „gebrochenen Herzen" die Rede. Tatsächlich macht sich intensive Trauer körperlich bemerkbar – oft durch stechenden Schmerz in der Herzgegend.

Wir verlieren in solchen Phasen unsere „Offenheit", nicht nur mental, sondern auch körperlich. Beobachte mal deinen Atem in besonders traurigen oder stressigen Situationen. Sehr wahrscheinlich fließt er nicht tief und ruhig, sondern ist hektisch, oberflächlich oder „stockt", weil der Herzraum blockiert ist. Hier können Rückbeugen Abhilfe schaffen. Durch das körperliche Öffnen des Brustraums werden tiefes Atmen und Loslassen möglich – unser „Herz geht auf". Deshalb heißen Rückbeugen auch Herzöffner. Du gelangst über die erhöhte Sauerstoffzufuhr zu neuer Kraft, nicht nur körperlich, sondern auch mental. Die Verhärtung, die durch psychische Verletzung stattgefunden hat und letztlich ein Schutzmechanismus ist, kann wieder weicher werden. So ist es tatsächlich möglich, mithilfe des Übens von Rückbeugen schneller durch negative Gefühle hindurchzugehen.

Auch wenn du gerade keinen Herzschmerz haben solltest, so ist es wichtig, zu verstehen, dass das Herz ein zentrales Organ in der Steuerung unseres Glücksempfindens ist. Wer sich glücklich fühlt, bei dem blüht buchstäblich das Herz auf. Wer Wohlbefinden spürt, der hat ein warmes Gefühl im Herzen. Damit ist das Herz eins der wichtigsten Elemente in der Yoga-Praxis.

Seitbeugen - die Flexibilität fördern

Seitbeugen werden häufig im Stand, aber auch im Sitzen praktiziert. Da sie immer in beide Richtungen ausgeführt werden, kommt es gleichzeitig zu Dehnung und Kompression der tief liegenden Rückenmuskulatur im Bereich der Wirbelsäule. Die Rumpfmuskulatur wird wechselseitig intensiv gedehnt und gekräftigt. Die inneren Organe werden durch die Kompression stimuliert.

Dysbalancen im Bereich des Rumpfes können durch Seitbeugen ausgeglichen werden und dadurch eine gesunde aufrechte Haltung fördern.

Seitbeugen erfordern ein festes und solides Fundament, aus dem heraus man sich flexibel zur Seite beugen kann. Sie fördern also Stabilität und gleichzeitig Flexibilität. Wie ein Bambus, der sich im Wind geschmeidig biegt und doch so fest im Boden verankert ist, dass er den Stürmen standhält, können Seitbeugen unsere Standhaftigkeit und Erdung sowie gleichzeitig unsere Geschmeidigkeit und Flexibilität fördern. Zudem wird die Wahrnehmung unserer Mitte verstärkt, da Seitbeugen um unsere Mitte herum stattfinden und wir immer wieder zur Mitte zurückkehren.

Drehhaltungen - die Energie fließen lassen

Rotationen, auch Twists, sind Reinigungsübungen, die den Körper unterstützen, sich zu entgiften. Die wechselseitige Kompression und Dehnung auf den gesamten Rumpf vertieft die Atmung und die Massage der Organe regt den Stoffwechsel und die Verdauung an.

Es gibt kaum eine bessere Übung als *Makarasana* (das Krokodil), um zum Ende einer Yoga-Stunde herunterzufahren, die Wirbelsäule zu neutralisieren und letzte Verspannungen loszulassen. Und wenn du gerade emotional blockiert bist und nicht weißt, was mir dir los ist, öffnen Drehhaltungen effektiv die inneren Schleusen und sorgen dafür, dass du wieder in Kontakt mit dir kommst.

Grundsätzlich wirken Drehhaltungen aktivierend und lösend:

- Sie energetisieren und beleben den gesamten Körper, so regen sie etwa den Stoffwechsel an.
- Sie stärken die Bauch- und Rückenmuskulatur.
- Sie kräftigen und massieren die Verdauungsorgane (Leber, Niere) und regen so die Entgiftung an.
- Intensive Drehungen wirken stark erhitzend auf den gesamten Organismus.
- Sanfte Drehungen lösen Verspannungen der Rücken- und Schultermuskulatur und Blockaden in der Wirbelsäule auf, der gesamte Körper wird so flexibler – das bessert asymmetrische Fehlhaltungen und wirkt speziell in der Brustwirbelsäule und im Brustbereich stark befreiend.

So wie Drehhaltungen den Körper stärken, so sorgen sie sanft ausgeführt auch innerlich für Stabilität, Ruhe und Klarheit, und helfen dir in turbulenten Zeiten in deiner Mitte zu bleiben und Gegensätze zu vereinen.

Das körperliche Gefühl der Befreiung, das häufig nach dem Üben von Drehungen auftritt, spiegelt sich auch auf psychischer Ebene: Drehungen helfen dabei, emotionale Anspannung loszulassen, und lösen innere Blockaden – deshalb kann es auch sein, dass nach Drehungen verdeckte Emotionen hochkommen, was aber stark befreiend und erleichternd wirken kann.

Drehungen wirken also stark ausgleichend, da sie alle Energiebahnen aktivieren und – wie auch auf körperlicher Ebene – emotionale Blockaden lösen und so die Energie wieder gleichmäßig fließen kann[47].

Umkehrhaltungen - gute Laune durch neue Perspektiven

Umkehrhaltungen, in denen der Beckenbereich höher ist als der Kopf, wirken auf fast allen Ebenen von Körper und Geist. Sie verbessern die Kraft und Beweglichkeit, sowohl in der tieferen als auch in der oberflächlichen Muskulatur. Als Balanceübung verbessern sie das Gleichgewicht. Umkehrhaltungen unterstützen den Rückfluss des venösen Blutes und der Lymphflüssigkeit aus den Beinen und entlasten damit auch das Herz. Sie stabilisieren das Herz-Kreislauf-System, verbessern die Verdauung, innere Organe werden belebt oder entspannt. Das Nervensystem wird positiv beeinflusst. Die Wirbelsäule wird – je nach Haltung – gekräftigt oder gedehnt, Haltung und Gang werden aufrecht und stabil.

Auch die Funktion des Gehirns wird verbessert: Die Konzentrationsfähigkeit steigt und Müdigkeit verschwindet. Zudem verändert sich in Umkehrhaltungen die Fließrichtung der Gehirn-Rückenmarksflüssigkeit, die Nährstoffe und Hormone im Körper verteilt. Dadurch gelangen mehr Endorphine in das Gehirn. Das sind Hormone, die schmerzlindernd wirken und auch bei positiven Erlebnissen ausgeschüttet werden[48].

Umkehrhaltungen eröffnen uns eine neue Perspektive und damit auch eine neue Sichtweise auf alte Probleme. Es wird buchstäblich alles auf den Kopf gestellt. Vielleicht entdecken wir Lösungen, die bisher versteckt waren, und erlangen Klarheit über etwas, das bis dahin verwirrend war. Und womöglich haben wir dann endlich den Mut, lang geplante Veränderungen anzugehen.

Geistig und emotional sorgen Umkehrhaltungen für gute Laune. Und natürlich ist es für das Selbstbewusstsein fantastisch, wenn man die Angst überwunden hat und tatsächlich kopfüber zum Beispiel im Kopfstand oder dem Schulterstand steht.

Eine Besonderheit: Mudras

Yogische Umkehrhaltungen nehmen eine Sonderstellung unter den Asanas ein, zählen sie doch gleichzeitig zu den sogenannten Mudras im Hatha Yoga. Mudras kombinieren eine Körperhaltung mit einer Atemtechnik und mit Meditation. Sie dienen der Energie und damit der Bewusstseinslenkung.

Ein sehr wirkungsvolles Mudra ist der halbe Schulterstand, Viparita Karani (aus dem Sanskrit übersetzt: „umgekehrte Stellung" oder „Umkehrstellung"). Charakteristisch hierbei ist, dass der Bauchbereich höher als der Stirnbereich ist. Der Bauchbereich ist Sitz der Sonnenenergie (im Yoga sitzt dort das Verdauungsfeuer), der Stirnbereich ist Sitz der Mondenergie (nach yogischer Annahme wird dort auch Soma, „der Nektar der Verzückung", gebildet). Durch die Umkehrung der Position von Sonnen- und Mondenergie soll zum einen ein Zustand von Harmonie erzeugt werden. Sonnen- und Mondenergie sollen gestärkt, etwaige energetische Ungleichgewichte behoben werden.

Zum anderen tropft in der yogischen Vorstellung das lebensspendende Soma in der aufrechten Körperhaltung von der Stirn durch den Rachen nach unten und wird vom Verdauungsfeuer in der Nabelgegend (Solarplexus, 3. Chakra) verzehrt, was als Ursache für Alter und Tod angesehen wird. Durch Viparita Karani kommt nun aber die „Sonne" nach oben und der „Mond" nach unten, was den Nektar bewahrt, da er nicht in das Verdauungsfeuer fließt, sondern zurück auf die Zunge und dort wieder aufgenommen wird. Durch die erneute Aufnahme des Soma wird der Alterungsprozess angehalten und der Tod verzögert. Daher gelten alle Umkehrstellungen im Hatha Yoga als verjüngend beziehungsweise lebensverlängernd. Das Viparita Karani Mudra sollte man mindestens 3 Minuten, noch besser 10 Minuten lang halten[49].

Stress, Müdigkeit, Abgeschlagenheit, Vitalität und unser psychisches, mentales und körperliches Wohlbefinden können also insbesondere durch yogische Umkehrhaltungen verbessert werden.

MEDITATION – EIN GUT ERFORSCHTER GLÜCKSBRINGER

Im Yoga Sutra wird Meditation als besondere mentale Aktivität beschrieben: die ungeteilte und entspannte Ausrichtung des Geistes. Meditation lebt von der Fähigkeit, sich in intensiver Weise auf etwas auszurichten und mental damit verbunden zu bleiben. Mit fortschreitender Übung nimmt die Kompetenz zur Fokussierung, eine innere Stimmung von Zuwendung und Wachheit zu.

Wissenschaftler beobachten die Wirkung von Meditation auf unser Gehirn seit Jahrzehnten. Sie widmeten sich dessen „Neuroplastizität", also der Fähigkeit des Gehirns, sich ständig umzuformen. Und sie fanden beispielsweise heraus, dass sich Hirnareale unter dem Einfluss von Meditation dauerhaft verändern. MRT-Untersuchungen, die im Rahmen einer Studie am Massachusetts General Hospital von Forschern der Harvard University durchgeführt wurden, zeigen, dass durch Meditation „die Menge der grauen Substanz in der Amygdala gesunken war und die graue Substanz im Hippocampus sich erhöht hatte". Die Amygdala sind die Teile des Gehirns, die den ‚Kampf- oder Flucht'-Mechanismus steuern und dem Körper helfen, mit Angst und Stress zurechtzukommen. Der Hippocampus, der eine Erhöhung der Graumaterie-Dichte zeigte, ist der Bereich des Gehirns, der das Gedächtnis, Lernen, Selbstbewusstsein, Selbstbeobachtung und Mitgefühl steuert[50].

Viele befürchten, wegen Stress irgendwann umzukippen, vielleicht einen Burnout zu erleiden und den Anforderungen unserer Gesellschaft nicht mehr gerecht werden zu können. Schon lange gibt es Methoden wie Yoga oder Autogenes Training, die sich bewährt haben, um Stress in den Griff zu bekommen. Die Resultate wie Entspannung und ein Gefühl von Zufriedenheit sind schnell spürbar. Unser Stresserleben ist stark an das Stresshormon Cortisol gekoppelt, welches nachweislich durch Meditation gesenkt wird. Wissenschaftlich erwiesen wurde außerdem ein Zusammenhang zwischen vermindertem Stresserleben durch Meditation[51].

Wir können also tatsächlich durch Meditation und Achtsamkeit unser Gehirn und unsere Persönlichkeit nachweislich positiv verändern, da wir die Stress- und Angstareale des Gehirns verkleinern. So können wir nachhaltig unser Wohlbefinden Schritt für Schritt steigern.

So sind Mönche beispielsweise bekannt für ihr heiteres und glückliches Gemüt. Laut wissenschaftlicher Studien geht diese optimistische Einstellung einher mit einem aktiveren linken Frontalcortex. Dieses Hirnareal reguliert Gefühle und kann für emotionale Ausgeglichenheit sorgen. Die Amygdala ist ein Teil des limbischen Systems des Gehirns und steuert unter anderem die emotionale Bewertung von Situationen. Gerade dieser Bereich ist bei Meditierenden weniger aktiv bzw. kleiner. Daher begegnen sie Konflikten und Problemen weniger irrational. Der Hippocampus ist ebenfalls Teil des limbischen Systems und zuständig für die Regulierung emotionaler Reaktionen. Durch übermäßigen Stress verkleinert sich der Hippocampus, was emotionales Ungleichgewicht bis hin zu Depressionen zur Folge haben kann. Dank der Stressregulation und verminderten Cortisol-Ausschüttung durch Meditation verdichtet sich die graue Substanz des Hippocampus und die Fähigkeit zur Emotionsregulierung verbessert sich.

Im Folgenden findest du einige der vielen Vorteile, die Meditierende nach bereits wenigen Wochen Übung bei sich feststellen können:

1. Mehr Achtsamkeit und Geduld

Viele Menschen leiden unter dauerndem Grübeln, bei dem sie pausenlos von einem zum anderen Gedanken springen und sich Gedanken oft in einer endlosen belastenden Spirale wiederholen. Das Ziel von Meditation muss nicht sein, diese Gedanken abzuschalten, sondern die Fähigkeit zu stärken, während der Meditation und im Alltag im unmittelbaren Moment präsent zu sein. Verbesserte Achtsamkeit hat zur Folge, dass weniger emotionaler Stress durch zu viel Nachdenken über die Vergangenheit und Zukunft ausgelöst wird. Durch Meditation lernt man, seine Gedanken mit Distanz zu beobachten bzw. achtsam zu sein und nicht direkt zu einer unkontrollierten gefühlsgesteuerten

Reaktion überzugehen. Gesteuert werden diese emotionalen Lernprozesse vom orbitofrontalen Cortex, welcher erwiesenermaßen bei Meditierenden eine größere Dichte aufweist. Es ist also möglich, durch Meditation das „automatische" Reagieren auf Situationen umzuprogrammieren und geduldiger und achtsamer zu werden.

2. Ein besseres Gedächtnis, Konzentration und geistige Flexibilität

Das Gehirn muss in der heutigen Zeit zunehmend mehr Informationen und Eindrücke verarbeiten. Irgendwann ist dabei ein Level erreicht, bei dem die Konzentration abnimmt und der Kopf gefühlt zu voll ist. Um also in unserer modernen Welt mithalten zu können, sind eine gute Gedächtnisleistung und eine hohe Aufmerksamkeitsspanne immens wichtig. Die durch Meditation und weniger Stress bedingte Zunahme der grauen Substanz im Hippocampus wirkt sich positiv auf die Lernfähigkeit und das Gedächtnis aus. Studien haben auch gezeigt, dass es Meditierenden leichter fällt, sich auf Dinge zu konzentrieren und schneller zu bemerken, wenn sie den Fokus verlieren. Im Gehirnscan zeigt sich dies in einem aktiveren anterioren cingulären Cortex (ACC) und im präfrontalen Cortex. Durch den aktiveren ACC wird auch die Fähigkeit gestärkt, aus Erfahrungen zu lernen und sein Verhalten selber zu regulieren und rationaler zu steuern.

3. Höhere Intuition und bessere Körperwahrnehmung

Oft geht das Gefühl für den eigenen Körper im Alltags- und Berufsstress unter und wir nehmen gar nicht wahr, wenn etwas nicht stimmt. Es kann fatale Folgen haben, Krankheiten zu verschleppen, Beschwerden zu ignorieren oder einfach nicht ernst zu nehmen. Meditierende, die sich während der Meditation vor allem auf die Wahrnehmung des Körpers konzentrieren, verbessern automatisch ihr Körpergespür. Sie weisen eine höhere Dichte grauer Substanz im rechten Inselcortex sowie eine erhöhte Aktivität im somatosensorischen Cortex auf. In beiden Gehirnarealen wird das Bewusstsein für den eigenen Körper gesteuert. Durch diese bessere Wahrnehmung der eigenen Empfindungen erhöht sich auch das sogenannte Bauchgefühl. Dieser Urinstinkt und intuitives Wissen sind oft ein wichtiger Wegweiser in unserem Leben.

4. Verlangsamung des Alterungsprozesses

Es wird allgemein hingenommen, dass mit dem Alter nicht nur unsere Haut faltiger wird, sondern auch die kognitive Leistungsfähigkeit nachlässt. Jedoch können wir die Areale unseres Gehirns, die für die Gedächtnisleistung, Sinneswahrnehmung und emotionale Bewertungen verantwortlich sind, durch Meditation stärken. Normalerweise nimmt die Dichte im präfrontalen Cortex in der Großhirnrinde mit dem Alter ab. Bei Langzeit-Meditierenden wurde jedoch festgestellt, dass die Großhirnrinde bis zu fünf Prozent dicker ist. Vor allem bei Meditierenden zwischen 40 und 50 Jahren zeigt sich ein beeindruckender Unterschied, denn die Dicke ihrer Großhirnrinde entspricht der eines 20-Jährigen. Vor allem profitiert die fluide Intelligenz, also die Fähigkeit logisch zu denken, von langjähriger Meditation.

50-jährige Meditierende können also die Alterung einiger Gehirnareale so stark verlangsamen, dass Teile ihres Gehirns nicht von einem 20 Jahre altem Gehirn zu unterscheiden sind! Selbstverständlich wirken sich Meditation und Yoga parallel dazu enorm positiv auf die Vorbeugung von z. B. Alzheimer und Demenz aus.

5. Verbesserter Schlaf

Durch Meditation verhalten sich Menschen im Alltag sehr viel achtsamer, sie können ihre Gefühle besser steuern und verfallen nicht so schnell in emotionalen Stress. Da der Geist sich tagsüber und abends somit weniger mit kreisenden Gedanken beschäftigt, fällt es sehr viel leichter, einzuschlafen und die Qualität des Schlafes verbessert sich.

6. Verminderung des Schmerzempfindens

Vor allem die emotionale Verarbeitung von Schmerzen wird durch Meditation beeinflusst. Es wurde festgestellt, dass die Schmerzareale des Gehirns wie der primäre somatosensorische Cortex während der Meditation stark heruntergefahren sind und dass sich die Schmerzintensität um 40 Prozent reduziert. Zum Vergleich: Durch Morphium reduziert sich der Schmerz um 25 Prozent.

7. Verminderung des Blutdrucks

Eine Studie hat ergeben, dass durch regelmäßiges Meditieren der Blutdruck um bis zu 12 Prozent gesenkt werden kann. Dies hängt vermutlich damit zusammen, dass sich durch den Entspannungseffekt von Meditation die verengten Blutgefäße wieder weiten und weniger Cortisol (Stresshormone) ausgeschüttet werden[52].

8. Stärkung des Immunsystems

Gestresste Menschen sind anfälliger für Krankheiten und haben ein nachweislich anfälligeres Immunsystem. Die positiven Gefühle und optimistischere Lebenseinstellung, die durch regelmäßiges Meditieren erreicht wird, aktiviert die linke Gehirnhälfte, welche mit einem gestärkten Immunsystem zusammenhängt.

9. Senkung des Cholesterinspiegels

Nicht nur ungesunde Fette in der Ernährung sind verantwortlich für einen zu hohen Cholesterinwert, auch Stress ist eine Ursache. Daher sollte bei der Behandlung Entspannung und Meditation sowie eine Ernährungsumstellung erwogen werden. Zwei unabhängige Studien zeigten, dass der Cholesterinwert nach einem Jahr Meditation um 30 mg/dl sinken kann, was mehr ist, als teilweise mit Medikamenten erreicht werden kann[53].

10. Linderung von Migräne und Kopfschmerzen

Viele Migräne-Anfälle werden durch Stress ausgelöst. Stressvermeidung kann daher ein Therapieansatz sein, um Attacken vorzubeugen. In einer Studie reduzierte sich die Anzahl der Migräne-Attacken der Teilnehmer um Migräne-Anfälle 1,4 pro Monat, sie waren im Durchschnitt pro Migräne um 2,9 Stunden kürzer und die Schmerzen wurde als weniger intensiv wahrgenommen[54].

Zusammenfassend kann man sagen, dass die meisten der oben aufgeführten Wirkungen von Meditation auf Stressreduzierung in Kombination mit einer verbesserten (Selbst-)Wahrnehmung zurückzuführen sind. Wir lernen, unsere Gedanken zu beobachten und zu kontrollieren, unsere Gefühle zu balancieren, und erleben dadurch letztendlich die Tiefe unseres Seins. Dies ist wohl der größte Unterschied zu anderen Entspannungsverfahren, wie beispielsweise Autogenes Training.

Der Körper schüttet bei regelmäßigem Meditieren weniger stressförderndes Cortisol aus, das wichtige Bereiche in unserem Gehirn angreift und dauerhaft schädigen kann. Zugleich werden Areale im Gehirn gestärkt, die unser Verhalten positiv beeinflussen und uns gelassener und glücklicher durch das Leben gehen lassen. Wenn wir durch Meditation Stress vermindern, geht es uns deshalb nicht nur psychisch besser, sondern wir werden und bleiben auch körperlich gesünder.

Die Effekte von Meditation sind schnell spürbar, denn schon nach wenigen Meditationssitzungen machen sich Achtsamkeit, innere Ruhe und weniger Stressempfinden deutlich bemerkbar. Beeindruckend ist, dass bereits nach 25 Stunden Meditation die ersten Veränderungen im Gehirn messbar sind. Interessanterweise sind diese Veränderungen unendlich, denn selbst bei Studienteilnehmern mit 50.0000 Stunden Meditationserfahrung waren immer noch linear steigende Gehirnveränderungen messbar. Kurz gefasst: Je mehr wir meditieren, desto glücklicher werden wir.

Und das Tolle ist: Da wir während der Yoga-Praxis einen meditativen Zustand einnehmen, können wir von all diesen Vorteilen profitieren, die Meditation mit sich bringt.

YOGA UND GLÜCK – EINE REISE NACH INNEN

Schon zu jeder Zeit und in allen Kulturen beschäftigten sich Menschen, vor allem Philosophen, mit der Frage, was Glück ist. Und wie man es, am liebsten dauerhaft, erlangen kann. So sah der Chinese Lao Tse (6. Jahrhundert v. Chr.) das wahre Glück in der Untätigkeit. Wenn der Mensch aufhöre, dem Glück oder anderen Zielen hinterherzulaufen, dann sei er wirklich glücklich.

Für die griechischen Philosophen Sokrates, Platon und Aristoteles (4. und 5. Jahrhundert v. Chr.) war Glückseligkeit das Ziel, auf das alles Handeln ausgerichtet sein sollte. Der Weg dorthin führte über eine tugendhafte Lebensweise. Denn nur wer sein Leben gerecht und heilig geführt habe, gelange nach seinem Tod zu den „Inseln der Seligen", so Platons Überzeugung. Ganz anders dachte Epikur (4. Jahrhundert v. Chr.): Für ihn war Glück das Erleben von Lust und die Abwesenheit von Schmerz. Diese hedonistische Denkweise wird heute oft als egozentrisch und rücksichtslos verurteilt.

Der Duden definiert Glück als eine „angenehme und freudige Gemütsverfassung, in der man sich befindet, wenn man in den Besitz oder Genuss von etwas kommt, was man sich gewünscht hat". Es sei ein „Zustand der inneren Befriedigung und Hochstimmung". Glücksforscher wiederum sprechen von einem subjektiven Wohlbefinden, das für jeden etwas anderes bedeuten kann.

Heute untersuchen Soziologen das Glück wissenschaftlich. Sie wollen beispielsweise herausfinden, wo die glücklichsten Menschen leben. Der Niederländer Ruut Veenhoven sammelt seit über zwanzig Jahren alle internationalen Publikationen zum Thema Glück in der „World Database of Happiness" an der Erasmus-Universität in Rotterdam. Demnach sind unter den Einwohnern von 155 Ländern die Dänen am glücklichsten, es folgen die Schweizer und dann die Isländer.

Dafür sieht der Professor mehrere Gründe: Diese Länder haben eine lange demokratische Tradition, sie haben eine zuverlässige Regierung und es herrscht materieller Wohlstand. Außerdem sind die Gesellschaften wenig hierarchisch gegliedert. Die sozialen Unterschiede sind gering und Männer und Frauen sind weitgehend gleichberechtigt.

Die Politik hat ebenfalls entdeckt, wie wichtig Glück ist. So forderte David Cameron, der frühere Premierminister von Großbritannien, das Bruttoinlandsprodukt durch einen Indikator für das allgemeine „Wohlbefinden" zu ersetzen. Das kleine asiatische Land Bhutan ist da schon weiter: Dort zählt nicht die Erhöhung des Bruttosozialproduktes, sondern des Bruttosozialglücks.

Die UNO hat Glücks-Grundbedingungen aufgestellt:

- mindestens 2.500 Kalorien Nahrung pro Tag,
- einen Wasserverbrauch von 100 Litern am Tag,
- mindestens sechs Quadratmeter Wohnraum,
- einen Platz zum Kochen,
- eine sechsjährige Schulbildung.

Selbstverständlich erforschen auch Psychologen das Glück. Für sie ist Glück gekennzeichnet vom häufigen Auftreten positiver Gefühle und seltenem Auftreten negativer Emotionen. Die wichtigste, noch relativ junge Forschungsdisziplin ist hier die Positive Psychologie. Sie untersucht, wie positive Emotionen entstehen, wie diese den Charakter formen und welche Rahmenbedingungen in der Gesellschaft positive Charakterzüge unterstützen.

Glücksforscher haben also andere Faktoren als die UNO erhoben, die uns angeblich glücklich machen:

- eine stabile Beziehung (Heiraten bringe noch ein Quäntchen mehr Glück),
- Freundschaft,
- Geselligkeit,

- Gesundheit,
- einen Beruf den eigenen Fähigkeiten entsprechend,
- Kinder,
- ausreichend Geld zur Erfüllung der Grundbedürfnisse.

Doch was passiert eigentlich in unserem Gehirn, wenn wir uns glücklich fühlen? Bereits Ende der 1950er Jahre bemerkte James Olds, Psychologe an der University of Michigan, dass Laborratten die elektrische Stimulation eines bestimmten Gehirnareals mochten. Die Ratten konnten diese Gehirnregion selbst per Knopfdruck stimulieren und drückten den Knopf immer wieder. So lange, bis sie vor Durst, Hunger und Erschöpfung beinahe gestorben wären. Für sie zählte nur noch der Glücksrausch.

Olds hatte das Lustzentrum im Gehirn entdeckt, eine Ansammlung von Neuronen im Mittelhirn. Wenn etwas passiert, das besser ist als erwartet, stoßen sie den Glücksbotenstoff Dopamin aus und leiten ihn weiter zum unteren Vorderhirn sowie direkt ins Frontalhirn. Kommt das Dopamin im Vorderhirn an, produzieren die dortigen Neuronen opiumähnliche Stoffe: Wir werden euphorisch und glücklich. Im Frontalhirn führt Dopamin dazu, dass unser Gehirn besser funktioniert: Unsere Aufmerksamkeit steigt. Wir merken uns also das glücklich machende Ereignis und lernen daraus, was uns gut tut. Allerdings flaut unser Glücksgefühl auch wieder ab, sobald das Dopamin abgebaut ist. Hirnforscher Manfred Spitzer weiß: „Unser Gehirn ist nicht dafür gebaut, dauernd glücklich zu sein. Aber es ist süchtig danach, nach Glück zu streben."

Auch körperliche Berührungen haben Auswirkungen auf unser Glückszentrum: Dauern sie länger als ca. 20 Sekunden an, werden das sogenannte „Bindungshormon" Oxytocin und körpereigene Endorphine ausgeschüttet (wenn wir jedoch einen 500-Euro-Schein genauso lange berühren, geschieht dies laut Glücksforschung nicht).

Internationalen Studien zufolge wird die Veranlagung zum Glücklichsein zu etwa 50 Prozent von unseren Genen bestimmt. Die Lebensumstände machen rund 10 Prozent aus. Die restlichen 40 Prozent haben wir selbst in der Hand, das heißt, wir können selbst etwas zu unserem Glück beitragen. Zum Beispiel mithilfe unserer inneren Einstellung. Wenn wir uns ganz bewusst für das Glücklichsein entscheiden, kann unser Denken und Handeln unser Glücksempfinden zum Positiven verändern.

Der Psychologe Martin Seligmann, der Begründer der Positiven Psychologie, entwickelte ein dynamisches Konzept davon, was ein gelingendes Leben wirklich bedeutet und beschreibt in seinem Buch fünf Fähigkeiten, die man entwickeln muss, um positive Gefühle, Beziehungen und Erfolg zu verstärken[55]:

1. Werde dir deiner Gefühle bewusst. Dadurch lernst du, dein Verhalten und deine Antriebe zu erkennen. So bist du deinen Gefühlen nicht mehr hilflos ausgeliefert.
2. Lerne, deine Gefühle zu regulieren, sodass sie stimmig und der Situation angemessen sind. Dann wirst du konstruktiv mit deinen negativen Emotionen umgehen können.
3. Stärke die Gefühle, die dir helfen, deine Ziele zu erreichen. Dadurch kannst du Strategien zur Selbstmotivation entwickeln und deine Kreativität fördern.
4. Entwickle deine Empathiefähigkeit. Empathie ist die Basis positiver zwischenmenschlicher Beziehungen.
5. Sei sorgsam mit Beziehungen. Der rücksichtsvolle, konstruktive und gewaltfreie Umgang mit den Gefühlen anderer Menschen fördert ein friedliches und wertschätzendes Miteinander.

Glück ist also zu einem guten Teil planbar. Wir können ihm auf die Sprünge helfen, zum Beispiel auch mit Yoga und Meditation. Denn die Botenstoffe, die die positiven Gefühle hervorrufen, werden auch bei einer Meditation oder beim Sport ausgeschüttet. Beim Meditieren geht der ganze Organismus in einen ausgeglicheneren Zustand über, den das Gehirn als angstfrei und entspannt deutet. Ähnlich ist es bei körperlicher Aktivität in Achtsamkeit: Sie hebt die Laune, weil das Gehirn dann vermehrt Serotonin und Endorphine ausschüttet.

Bereits der weise Patanjali beschreibt in seinen Yoga Sutras die Tendenz des menschlichen Gehirns, sich lieber in Probleme statt in positive Gedanken zu verstricken. Und ein derart beschäftigter Geist wird eng und dunkel. Wir sehen keinen Ausweg, Hindernisse pflastern unseren Weg, Ängste können sich breitmachen. Dieser Zustand heißt im Yoga *Dukha* (wörtlich übersetzt: dunkler, enger Raum). In diesem befinden wir uns, wenn wir zulassen, dass wir von negativen Gedanken und Gefühlen beherrscht werden. Wir können uns jedoch entscheiden, diesen Raum zu verlassen, und uns positiven Gefühlen zuwenden. Im Yoga gibt es hierfür vielfältige Möglichkeiten, Methoden und Konzepte. Dies zeigt auch, dass Yoga seit jeher unsere Fähigkeit zu selbstbestimmtem und eigenverantwortlichem Leben im Blick hatte und der Erfahrung von Glück, Freude und Zufriedenheit eine hohe Priorität einräumte. Denn nur dann wird es möglich, sein volles Potenzial zu entfalten und über sich selbst hinauszuwachsen[56].

Der Neurobiologe Gerald Hüther kam durch seine Forschungen zu dem Schluss, dass Glück sehr viel mit dem Gefühl zu tun hat, mit sich selbst im Einklang zu sein. Er beobachtete, dass Kinder in ihrem Tun schnell immer besser wurden, wenn sie es mit Begeisterung taten. Er nannte diese kindliche Begeisterung dementsprechend „Dünger fürs Gehirn". Wir sollten also versuchen, uns zumindest einen Teil unserer kindlichen Begeisterungsfähigkeit zu erhalten, um dem Glück auf der Spur zu bleiben. Verlieren wir diese Begeisterungsfähigkeit, verengt sich unser Horizont, uns fehlen die Perspektive und die Offenheit, wir kommen wieder in den dunklen, engen Raum.

Doch wie können wir uns unsere Begeisterungsfähigkeit erhalten?

Barbara Fredrickson hat über Jahre die Wirkungsweise tief empfundener positiver Gefühle erforscht und betont, „dass nur die tägliche und wiederholte Konzentration auf das Positive in unserem Leben (…) inneres Glück bringt[57]." Hier kommt also Konzentration und die Achtsamkeit ins Spiel. Da es maßgeblich von deinen Gedanken abhängt, ob du eine positive Grundhaltung dem Leben gegenüber entwickelst, ist es wichtig, regelmäßig den Gedankenfluss und die daraus folgenden Auswirkungen auf deine Stimmung zu beobachten. Denn wie alle anderen Gefühle entstehen auch positive Emotionen aus der Art und Weise, wie du Ereignisse interpretierst. Du solltest dich also bemühen, dass Gute in deinem Leben wahrzunehmen und diesem wirklich Raum und Aufmerksamkeit zu geben. Dieses achtsame Kultivieren des Positiven hilft, deine Begeisterung und deine gute Laune zu entwickeln und zu erhalten[58].

Glück kann und muss also manchmal geplant werden. Um dir dabei ein wenig zu helfen und dir Anregungen zu geben, habe ich auf der nächsten Seite einen Glücksplaner für dich zusammengestellt, den du beliebig verändern, erweitern und an dich und dein persönliches Glücksempfinden anpassen kannst.

GLÜCKSPLANER

Welche der folgenden Dinge willst du in den kommenden 7 Tagen in deinen Alltag einbauen, um dir selbst etwas Gutes zu tun und Glück und Zufriedenheit in dein Leben zu bringen?

- Ein entspannendes Bad nehmen
- Einen Waldspaziergang machen
- 20 Minuten bewusst Musik hören
- Etwas bewusst für jemanden tun
- Jemand kontaktieren, der mir etwas bedeutet
- Etwas ganz achtsam und langsam tun
- 20 Minuten mit einer Tasse Tee/Kaffee still sitzen, ohne etwas zu tun
- Ganz genießerisch und bewusst Schokolade essen
- An etwas denken, wofür ich dankbar bin
- Früh mit Mann, Frau oder einem guten Buch ins Bett
- Auf der Stelle hüpfen
- Jemandem eine Kleinigkeit schenken
- Für 3 Minuten bewusst und tief atmen (Pranayama)
- Ungehemmt nach lauter Musik tanzen
- 20 Minuten Yoga üben
- Mich mit jemandem verabreden, den ich gerne mag
- Jemanden drücken
- 5 Minuten tagträumen
- Unter der Dusche laut singen
- Einen inspirierenden Film anschauen
- Eine Sache aufschreiben, die ich gut gemacht habe
- Jemandem einen kleinen Gefallen tun
- Eine Achtsamkeits-Meditation praktizieren
- Eine kleine Aufgabe erledigen, die ich schon länger vor mir herschiebe, und stolz auf mich sein
- Mir eine Wellness-Anwendung gönnen
- Fotos von schönen Erinnerungen anschauen

- 1 Stunde ohne schlechtes Gewissen auf dem Sofa abhängen
- Jemandem ganz viel Gutes wünschen (es sagen oder denken)
- Mir selbst etwas Schönes gönnen/kaufen
- Meine Lieblingskleidung tragen
- 10 Minuten hinlegen und bewusst alle Muskeln entspannen (Savasana)
- 3 Dinge überlegen, die mir wichtig sind und die ich bereits im Leben habe
- Mein Lieblingsessen kochen und essen
- Barfuß laufen
- Mir selbst ein Kompliment machen
- Meinen Lieblingsfilm anschauen
- Ein inspirierendes Buch lesen
- Eine Fahrradtour machen
- Im Café gemütlich meine Lieblingszeitschrift lesen
- Mir 3 Dinge überlegen, auf die ich stolz bin
- …

Wie ich schon im Kapitel **Der achtgliedrige Pfad des Patanjali** im Abschnitt „Dharana" schrieb, ist es gar nicht so einfach, die Aufmerksamkeit, den Fokus auf eine Sache zu lenken und dort verweilen zu lassen. Unser „monkey mind" steht keine Sekunde still. Doch Patanjali weist in seinen Yoga Sutras darauf hin, wie es uns in drei Schritten gelingen kann, unseren wild hin- und herspringenden Gedanken nicht mehr ausgeliefert zu sein, sondern sie wahrzunehmen und sie „nur" zu beobachten:

1. Innehalten, wenn mich etwas irritiert. Dabei kann dein Körper eine wichtige Hilfe sein, denn wie im Kapitel *Pranayama* – Atemkontrolle beschrieben ist, wirken sich unsere Emotionen auf unseren Atem aus. Ist irgendetwas unstimmig, verändert sich unser Atem, wird flach oder unregelmäßig, vielleicht stockt er sogar.
2. Werde zum Beobachter der Situation. Versuche, dir selbst mit offenem Geist beim Denken zuzuschauen, ohne deine Gedanken gleich zu kommentieren oder gar zu bewerten.

3. Versuche wahrzunehmen, was das Gefühl oder der Gedanke in dem Moment in dir bewirkt. Nimm sowohl die positiven wie auch die negativen Auswirkungen wahr. Halte jedoch nicht an den negativen Gefühlen fest, sondern versuche, dich auf die positiven zu konzentrieren.

So hast du es selbst in der Hand, deinen Geist zu formen, ihn auf Klarheit, Frieden und Glück zu trainieren, einen Geisteszustand, den Patanjali *chitta prasadana* nennt, was „innere Einstellung, die dem Glück Raum gibt" bedeutet.

Darüber hinaus geht die Yoga-Philosophie davon aus, dass wir sowieso alles Glück in uns tragen und das Glück immer da ist. Wir müssen nur wieder anfangen, auf unseren Wesenskern, unsere Seele zu hören. Diese ist nämlich laut Vedanta Philosophie reines Sein, reines Wissen und reine Glückseligkeit – *Sat Chid Ananda* auf Sanskrit. Und wir können wieder auf sie hören, indem wir den Geist – mit Yogaübungen und Meditation – zur Ruhe bringen und dann in der Ruhe des Geistes Bewusstsein erfahren. Denn ist der Geist ruhig, erfährst du dein wahres Wesen. Und dein wahres Wesen sind Glückseligkeit und Freude.

In dem Artikel „Die Struktur der Yoga-Sadhana" erläutert der große Yoga-Meister Swami Sivananda (siehe auch Sivananda Yoga unter den etablierten Yogastilen) spirituelle Praktiken zur Erlangung der höchsten Weisheit. Neben der Einhaltung der ethischen Disziplinen der Yamas und Niyamas propagiert er, den Geist durch Meditation zur Ruhe zu bringen, um Glück zu erfahren:

> „Befreie dich von der Tyrannei des Geistes, die dich so lange gnadenlos unterdrückt hat. Du hast deinem Geist erlaubt, sich auf sinnliche Freuden zu berufen und seine eigenen Wege zu gehen. Nun ist die Zeit gekommen, ihn zu zügeln wie ein wildes Pferd. Halte durch und sei geduldig. Übe täglich Meditation und die Zurückhaltung deiner Gedanken. Am Anfang könnte diese Aufgabe schwierig sein, ja sogar widerwärtig und ermüdend erscheinen, am Ende jedoch steht ein riesiger Erfolg. Du wirst Unsterblichkeit, höchste Freude, ewigen Frieden und unendliche Glückseligkeit

erlangen. Es ist ein lohnender Schritt. Aber sei auf der Hut. Wenn dir dein Wunsch ernst ist, und du gehst deinen Weg mit starkem Geist, dann wird nichts auf der Welt unmöglich sein. Nichts wird dich aufhalten können.

Anhand deines geistigen Zustandes, deiner Gefühle und deines Verhaltens kannst du die Natur deiner Handlungen in deinen früheren Leben sehr gut verstehen. Du kannst den Folgen schlechter Handlungen durch gute Taten, also Tapas, Disziplin und Meditation, entgegenstehen. Versuche, ein Leben ohne Verhaftungen zu führen. Diszipliniere deinen Geist mit Sorgfalt. Es gibt niemanden, der frei von Schmerzen, Krankheiten, Problemen und Schwierigkeiten ist. Gib deiner unruhigen Seele Rast. Dann wirst nur du die Stärke finden, den Problemen des Lebens ins Antlitz zu schauen. Dann wirst nur du ein ausgeglichenes Leben führen. Nur du wirst nicht beeinträchtigt sein durch morbide äußere Einflüsse und ungleichförmige Vibrationen. Regelmäßige Meditation am Morgen wird dir Freude, Glückseligkeit und innere Stärke verleihen. Übe Meditation. Erfahre, auch wenn die äußeren Umstände ungünstig sind, Glückseligkeit und Freude. Du wirst Stück für Stück spirituell wachsen und deine Selbstverwirklichung erreichen."

Doch auch mithilfe von Asanas ist es möglich, sein Glückserleben zu stärken. Zwar steht im modernen körperorientierten Yoga oft die Form im Vordergrund. Diese sollte dich jedoch lediglich einladen, die Asana zu praktizieren – so gut du es kannst – und in ihr eine kurze Zeit zu verweilen. Denn im traditionellen Yoga wird jede (äußere) Körperhaltung mit einer inneren Haltung verbunden. Dadurch offenbart jede Asana nicht nur körperliche und emotionale Wirkungen[59], sondern auch energetische und geistige.

Dabei ist der geistige Aspekt der emotionale Ausdruck einer Asana, also deine innere Haltung. Bei Rückbeugen beispielsweise ist es eine geistige Haltung des Sich-Öffnens, um dem Leben mit weitem Herzen zu begegnen, bei Vorbeugen ist es eher ein Sich-Verneigen vor dem Leben und des Loslassens. Deine innere Haltung ist es auch, die deine Bewegungen in Körperhaltungen verwandelt, mit denen du zum einen neue Ausdrucksformen erspüren und erkunden kannst. Zum anderen erlauben dir die Asanas, dem Ausdruck zu geben, was du tief in dir fühlst. Geübte Yogis können mit bestimmten Asanas sogar bestimmte innere Zustände erreichen, wie Zuversicht, Ruhe, Gelassenheit oder sogar Glückseligkeit. Stellst du also diese geistigen Aspekte in den Vordergrund deiner Yoga-Praxis, wird Glück konkret erfahrbar. Denn es fühlt sich dann an, als ob du die Bewegung und die Asana ganz von innen heraus gestaltest[60].

Je intensiver du Yoga mit dieser inneren Haltung praktizierst, desto öfter wirst du in den Asanas Stabilität und Leichtigkeit erfahren (siehe auch Kapitel **Wie Yoga glücklich macht**, Abschnitt „Asanas"). Denn wenn dir die Balance zwischen Kraft und Leichtigkeit gelingt, fließt dein Atem frei und du kannst die Asana von innen heraus gestalten. Erst dadurch wird eine Asana zu einem körperlichen, energetischen und geistigen Erfahrungsraum, in dem du dich selbst erforschen, etwas über dich lernen und deinen authentischen Wesenskern, die reine Glückseligkeit, erfahren kannst. Das ist der Zustand des Yoga.

YOGA IN DEN ALLTAG INTEGRIEREN

Wie kannst du nun die heilende Kraft des Yoga in deinen Alltag integrieren?

Wenn wir im Leben etwas verändern und neue Gewohnheiten etablieren möchten, gibt es bekanntlich viele Möglichkeiten und Methoden. Mit Yoga nehmen wir uns die Zeit und schaffen uns einen Raum, in dem die Dinge sich verändern und entwickeln dürfen. Das kann die Entwicklung von mehr körperlicher und geistiger Flexibilität sein oder mehr Konzentration, Regeneration vom Stress, Gelassenheit und Entspannung nach Momenten der Angespanntheit und das Herunterfahren des hohen Tempos unserer Zeit, Entschleunigung. Momente, in denen sich Stärke, Gesundheit, Glück entwickeln können …

Doch um Veränderungen nachhaltig in unser Leben zu integrieren, braucht es ein paar Voraussetzungen, und zwar:

- das Bewusstsein darüber, dass wir etwas verändern wollen,
- und was genau anders sein soll,
- was wir behalten wollen,
- die Erkenntnis, wie es sein sollte,
- Wahrnehmung der Möglichkeiten,
- Zugang zu der Energie, es zu tun,
- den richtigen Moment und
- den tatsächlichen Beginn sowie
- Wiederholungen. Im Yoga sagt man, dass es 42 Tage braucht, damit eine neue Gewohnheit im Gehirn etabliert ist.

Die ersten Schritte zur Veränderung hast du schon mit dem Kauf dieses Buchs getan, du willst etwas verändern und das ist dir bewusst. Da dich der Buchtitel angesprochen hat, könnte man annehmen, dass du dir wünschst, glücklicher zu sein. Und Yoga als geeignete Methode dafür ansiehst.

Um herauszufinden, ob es so ist und worum es dir eigentlich geht, können dir folgende Fragen zur Selbstreflexion helfen:

- *Wann geht es mir richtig gut (Situationen, Tätigkeiten, Ereignisse etc.)?*
- *Woran merke ich eigentlich, dass es mir gut geht und dass ich mich wohlfühle?*
- *Was erfüllt mich mit Zufriedenheit (Tätigkeiten, Erfolge, Situationen)?*
- *Wann fühle ich mich am meisten als mich selbst? Wann und wo kann ich sein, wer ich wirklich bin?*
- *Wofür bin ich aktuell dankbar?*
- *Was wünsche ich mir in meinem Leben?*

Auch den Zugang zu der Energie, um deine gewünschte Veränderung anzugehen, kannst du dir auf yogische Art und Weise verschaffen:

- Selbstfürsorge mit sattviger Ernährung und ausreichend Schlaf
- Pranayama, Asanas und Meditation praktizieren
- Schritt für Schritt den achtgliedrigen Pfad des Patanjali in dein Leben integrieren
- und eine innere Haltung von Achtsamkeit, Liebe und Dankbarkeit etablieren.

Und der richtige Zeitpunkt, um mit all dem zu beginnen, ist ... JETZT!

Damit du tatsächlich hier und jetzt beginnen kannst, Yoga in dein Leben zu integrieren und deine gewünschten Veränderungen anzugehen, habe ich ein paar einfache(re) Übungen für dich zusammengestellt, mit denen du jetzt loslegen kannst.

GUTE LAUNE MIT ACHTSAMKEIT

Wie du schon weiter vorne gelesen hast, hilft dir mehr Achtsamkeit dabei, häufiger Glücksmomente in deinem Leben zu erleben sowie einen guten Umgang mit Stress zu finden.

Die sog. Basisminute ist eine gute Möglichkeit dazu. Die Basisminute ist eine „achtsame Minute", in der du dich von der Hektik des Alltags zurückziehst und dich rein auf deine Atmung konzentrierst[61]. Indem du das tust, holst du dich ganz in den jetzigen Augenblick und schenkst deinem Geist dadurch eine kurze Erholungspause von deinen Gedanken.

Eine solche „Erholungspause" ermöglicht es dir, auch im Alltag deine Batterien wieder aufzuladen sowie stressigen Situationen mit einer entspannteren Haltung entgegenzutreten. Außerdem öffnest du durch die Basisminute deine Wahrnehmung für den Augenblick und schenkst deinem Leben dadurch mehr Intensität.

Wie wirkt es?

Meditation ist eine Möglichkeit, um mehr Achtsamkeit in dein Leben zu bringen. Die Basisminute ist eine Form von Meditation. Sie wurde von Martin Boroson entwickelt. Dabei geht es darum, eine Minute lang einfach nur „zu sein", statt ständig etwas „zu tun".

Regelmäßige Meditation hat, wie wir bereits besprochen haben, nachweislich viele positive Effekte. Sie ist dazu in der Lage, deine Stimmung zu heben, Ängste und Depressionen zu lindern, dein Immunsystem zu stärken sowie ein positives Lebensgefühl zu fördern. Dazu braucht es gar nicht viel. Eine tägliche Basisminute kann schon einen echten Unterschied machen.

Die Vorteile der Basisminute:

- Alltagstauglichkeit: Sie ist sehr kurz und lässt sich dadurch sehr gut und einfach in jeden Alltag integrieren.
- Einfachheit: Mit einer Basisminute kannst du sofort anfangen. Du brauchst keinen Kurs, keinen Lehrer und kein Vorwissen, um sofort mehr Achtsamkeit in dein Leben zu bringen.
- Effizienz durch Fokus: Die Effekte einer langen Meditation sind nicht notwendigerweise besser als die einer kurzen Basisminute. Denn man kann sich auf eine Minute sehr gut einlassen und für eine Minute lang den Fokus auf den Atem halten.

Wie setzt du es konkret um?

1. Such dir einen Platz, an dem du vollkommen ungestört bist. Stell dein Telefon leise bzw. auf „Flugmodus".
2. Wähle eine Sitzposition, die du gut für eine Minute halten kannst. Setz dich am besten auf eine harte Oberfläche, wie z. B. den Boden oder eine Stuhlkante. Lehn dich nicht an, richte deine Wirbelsäule im Sitzen auf.
3. Stell dir einen Wecker oder eine Stoppuhr auf exakt eine Minute. Es ist wichtig, einen Wecker zu nutzen, damit du für diese Minute komplett die Zeit vergessen kannst. Übe wirklich auch nur für eine Minute.
4. Schließe die Augen und atme langsam ein und aus. Vertiefe dich in deinen Atem. Nimm wahr, wie er durch die Nase ein- und ausströmt. Tu das so lange, bis der Wecker klingelt. Dann beende die Übung.
5. Wenn du zwischendurch abgelenkt bist, dann mach dir darüber keine Gedanken, sondern vertiefe dich einfach wieder in deinen Atem.
6. Übe die Basisminute jeden Tag wenigstens ein Mal.

MENTALE KRAFT DURCH EIN PERSÖNLICHES MANTRA

Ein Mantra (übersetzt aus dem Sanskrit: Spruch, Lied, Hymne) bezeichnet eine heilige Silbe, ein heiliges Wort oder einen heiligen Vers. Diese sind

„Klangkörper" einer spirituellen Kraft, die sich durch meist repetitives Rezitieren im Diesseits manifestieren soll.

Das bekannteste Mantra ist „OM", eine Silbe, die in vielen Religionen als heilig gilt. Der Klang steht für den transzendenten Urklang, aus dessen Vibrationen nach hinduistischem Verständnis das gesamte Universum entstand. Es bezeichnet die höchste Gottesvorstellung, das formlose Brahman, die unpersönliche Weltseele. Ein weiteres bekanntes Mantra lautet „Om mani padme hum", das sich auf das allumfassende Mitgefühl für alle Wesen bezieht. Es richtet sich an den Bodhisattva des universellen Mitgefühls Avalokiteshvara.

Ein persönliches Mantra hilft dir dabei, dir selbst gut zuzureden und dadurch in schwierigen Momenten stark zu bleiben. Es kann dir als eine kraftvolle mentale Stütze dienen. Es hilft dir, auch in kritischen Situationen an deinen guten Vorsätzen festzuhalten. Dies kann hilfreich sein, wenn du eine bestimmte Verhaltensänderung durchführen möchtest. Beispielsweise wenn du lernen möchtest, in bestimmten Situationen gelassener zu reagieren.

Ein Mantra dient in der Meditation der Transformation des Meditierenden. Dadurch, dass ein Mantra einer bestimmten Geisteshaltung, einer Gottheit oder einem Buddha zugeordnet ist, wird dessen Rezitation zur Hervorbringung dieser Geisteshaltung genutzt und die Aufmerksamkeit wird durch die Benennung fokussiert und gelenkt.

Wie wirkt es?

Wie mehrere Studien bereits nachgewiesen haben, helfen positive Selbstgespräche dabei, Ablenkungen auszublenden, die eigene Leistungsfähigkeit zu steigern und Probleme schneller und besser zu lösen. Ganz ähnlich funktionieren auch Mantras.

Das sind die Vorteile eines persönlichen Mantras:

- Mentale Kraft: Ein persönliches Mantra wirkt wie ein kurzes positives Selbstgespräch. Es schenkt dir mentale Kraft im richtigen Moment. Denn mit den richtigen Worten im Kopf fällt es leichter, stark zu bleiben.
- Fokus auf das Wesentliche: Ein persönliches Mantra verdichtet einen komplexen Sachverhalt in wenigen Worten. Und das auf eine Art und Weise, dass die wichtigsten Aspekte erhalten bleiben und du weiterhin emotional berührt wirst. Mit deinem persönlichen Mantra kannst du dich mit wenigen Worten in einen bestimmten Gefühlszustand versetzen.
- Anwendbarkeit: Durch die Kürze des Mantras ist es viel einfacher, sich im Alltag an eine bestimmte Idee oder einen Grundsatz zu erinnern. Das macht es viel leichter, das Mantra in deinen Alltag zu übertragen, als eine komplex ausformulierte Idee. Dadurch fällt es dir leichter, eine bestimmte Idee in der Praxis auch wirklich anzuwenden.

Wie setzt du es konkret um?

Mantras funktionieren am besten, wenn sie aus wenigen Wörtern bestehen, in der Ich-Form, im Präsens und positiv formuliert sind. Also z. B.:

- Ich bleibe stark.
- Ich bin gelassen.
- Ich bleibe im Moment.
- Aber auch:
- Ruhe und Gelassenheit
- Frieden und Glück
- etc.

1. Überlege dir also, welchen Grundsatz du im Alltag mehr beherzigen möchtest („Ich will gelassener werden"), und formuliere dazu ein ganz persönliches Mantra („Ruhe und Bedacht"). Kreiere ein Mantra, das mit wenigen Worten auskommt, Bilder in deinem Kopf hervorruft und dich emotional anspricht. Probiere das Mantra im Anschluss aus.
2. Übe dieses Mantra mindestens drei Mal am Tag ein. Sprich es laut aus oder murmle es leise vor dich hin. Schaffe dir dafür eine Erinnerung, sodass du

auf keinen Fall vergisst, es jeden Tag einzuüben.
3. Wende dieses Mantra in kritischen Situationen an. Teste, ob dein Mantra dir in solch einem schwierigen Moment eine gute mentale Stütze war. Falls es noch nicht genügt hat, formuliere dein Mantra um.

ZIELE ERREICHEN MIT SANKALPA

Mithilfe eines Sankalpas kannst du all das hinter dir lassen, was dich daran hindert, ein Ziel zu erreichen. Ein Sankalpa ist ein Entschluss oder eine formulierte Absicht, mithilfe derer du Vorsätze verwirklichen kannst.

Formuliere dein Sankalpa kurz, präzise und positiv. Wenn du dich zum Beispiel von Angst lösen möchtest, kann dein Sankalpa lauten: „Ich stelle mich mutig meinen Aufgaben." Oder „Selbstsicher werde ich meinen neuen Arbeitsplatz annehmen."

Dein Sankalpa finden:

- Setze oder lege dich bequem hin und schließe die Augen. Nimm bewusst den Kontakt deines Körpers mit der Unterlage wahr und lass dich mit jedem Atemzug tiefer in die Unterlage sinken.
- Nimm deinen Atem wahr, ohne ihn zu beeinflussen. Dein Atem wird dich tiefer und tiefer in die Entspannung führen. Bewusstes Ausatmen hilft dir, dich von den Gedanken des Alltags zu lösen.
- Stelle dir vor deinem inneren Auge die Zahl 3 vor: 3, 3, 3. Dann die Zahl 2. 2, 2, 2.
- Aktiviere deine Vorstellungskraft, indem du die Zahl in schwarz auf einer weißen Wand vorstellst. Stelle dir jetzt die Zahl 1 vor. 1, 1, 1.
- Du bist jetzt auf einer tieferen Entspannungsebene angelangt. Zähle nun langsam rückwärts von 10 bis 1 und entspanne dich noch tiefer.
- Du kannst dir auch eine Treppe vorstellen, die du Stufe für Stufe nach unten gehst.

- 10, 9, 8, 7, 6, 5, 4, 3, 2, 1.
- Jetzt bist du auf einer tieferen und entspannteren Bewusstseinsstufe. Tiefer und entspannter als vorher.
- Stelle dir so genau wie möglich einen idealen Entspannungsplatz vor.
- Lade ein Bild, eine Erinnerung, einen Satz oder ein Wort ein, von dem du dich lösen möchtest.
- Formuliere nun einen kurzen Satz, der die neue Qualität ausdrückt, die du verwirklichen möchtest. Lass dir Zeit, bis das Gewünschte von selbst auftaucht. Sprich dein Sankalpa und wiederhole es dreimal.
- Verlasse jetzt deinen Entspannungsplatz und komme jetzt langsam Stufe für Stufe wieder nach oben: 1, 2, 3, 4, 5, 6, 7, 8, 9, 10. Zähle dann noch einmal von 1 bis 3. Bei 3 bist du hellwach und klar. Öffne deine Augen.

Schreibe dein Sankalpa auf, damit du es nicht vergisst. Ändere es erst dann, wenn es sich verwirklicht hat.

Wie wirkt es?

Um die Wirkung von Sankalpa zu verstehen, ist es wichtig, die unterschiedlichen Gehirnströme zu verstehen.

Eine weitverbreitete Methode, um empirische Daten über Gehirnströme zu erhalten, ist die Aufzeichnung von EEG-Signalen. Es ist damit möglich, anhand der Verteilung typischer Schwingungsfrequenzen bestimmte Grundtypen von Bewusstseinszuständen festzustellen. Hauptsächlich benutzt man hierfür Frequenzen zwischen 0,4 und 40 Hz, und zwar bei Bewusstseinszuständen während Aufmerksamkeits- und Ruhephasen[62].

- Der Zustand des Alltagsbewusstseins, der sogenannte Beta-Zustand, der sich typischerweise zwischen 13 Hz und 21 Hz befindet, entspricht einem Zustand guter Aufmerksamkeit und Intelligenzleistung.
- Der Bereich mit einem Schwerpunkt von 21 bis 38 Hz wird als der Bereich einer „permanenten Alarmbereitschaft" (Fritz Perls) bezeichnet.

- Der Alpha-Bereich (8–12 Hz) entspricht dem Zustand leichter Entspannung. Beim Alpha-Zustand öffnet sich das Tor zum Unterbewusstsein.
- Der Theta-Zustand (3–8 Hz) steht für Meditation und tiefe Entspannung.
- Die niedrigste Frequenz findet sich beim Delta-Zustand (0,4–3 Hz), der auf verschiedene Bewusstseinszustände wie Tiefschlaf, Trance oder Tiefenhypnose hinweist.
- In den letzten Jahren ist der Gamma-Bereich (zwischen 40 Hz und 80 Hz) durch erweiterte Messverfahren in den Blickpunkt der Forschung gerückt. Da in diesem Bereich die primäre Verarbeitung der Sinneswahrnehmung vermutet wird, erhofft man sich dadurch für die Zukunft auch objektivierbare Aussagen über die Art der Wahrnehmung und die Wahrnehmungsinhalte. Verschiedene Gemütszustände und Emotionen lassen sich für den Wachzustand heute schon unterscheiden.

Das Sankalpa wirkt bereits, während du es das erste Mal aussprichst. Da es sich auf der Alpha-Ebene einprägt, wirkt es sowohl auf dein Bewusstsein, als auch auf die Ebenen deines Unbewussten.

Das sind die Vorteile eines Sankalpas:

- Mentale Kraft: Dein Sankalpa wirkt, auch wenn du nicht bewusst daran denkst. Es setzt Energien und Kraft frei und hilft dir so, dein gesetztes Ziel zu erreichen.
- Fokus auf das Wesentliche: Auch ein Sankalpa verdichtet einen komplexen Sachverhalt in wenigen Worten. So musst du dich nicht mühsam daran erinnern, sondern es wirkt durch seine Prägnanz im Unbewussten.
- Anwendbarkeit: Das Sankalpa wirkt, ohne dass du dich dafür anstrengen musst.

Wie setzt du es konkret um?

Denk so oft wie möglich an dein Sankalpa. Sprich es laut aus oder murmle es leise vor dich hin.

Und überlege dir:

- *Woran wirst du merken, dass du dein Ziel erreicht hast?*
- *Was hat sich zum Positiven verändert?*
- *Wie fühlt sich dein Leben an, wenn du dein Ziel erreicht hast?*
- *Wie geht es dir, wenn du dein Ziel erreicht hast?*

DIE WICHTIGSTEN YOGA-ÜBUNGEN FÜR GLÜCK UND FRIEDEN

Yoga in seinen Alltag zu integrieren gelingt als Neuling am einfachsten, indem du dir einen regelmäßigen Kurs suchst und auch hingehst. Das Angebot ist mittlerweile groß, auch außerhalb der Großstädte bieten Turnvereine, Volkshochschulen oder Yogastudios diverse Yoga-Stile an vielen Wochentagen zu unterschiedlichen Tageszeiten an. Im Kapitel **Einleitung: Der Weg des Yoga** findest du kurze Beschreibungen zu den klassischen Yogalehren und am Ende des Buches zu neueren, mittlerweile etablierten Yoga-Stilen. Vielleicht bekommst du beim Durchlesen schon eine Ahnung davon, welcher Stil dich am ehesten anspricht.

Yoga an sich ist eine spirituelle Praxis, aber auch ohne dass du mit hinduistischen Gottheiten etwas anfangen kannst, kannst du natürlich von den Vorteilen des Praktizierens profitieren. Wenn du also weißt, dass sich deine Stimmung mit Räucherstäbchen und Mantra-Chanten nicht gerade verbessert, sind eher spirituelle Stile wie Sivananda oder Kundalini Yoga wahrscheinlich nicht das Richtige für dich. Probiere es dann besser mit Power Yoga oder traditionellem Hatha Yoga. Nimm Schnupper-Angebote und Probestunden wahr, um herauszufinden, welcher Yoga-Stil dir zusagt.

Abgesehen von dem Besuch eines wöchentlichen Yogakurses gibt es natürlich auch die Möglichkeit, kleine Yoga-Einheiten zuhause oder zwischendurch zu praktizieren. Neben einfacheren Asanas kannst du Atemtechniken (Pranayama), Meditation und – wenn du magst – Mantra-Singen unter der Dusche in deinen Alltag einbauen.

Die Berghaltung (Tadasana) - innere Klarheit schaffen

Tadasana wird je nach Yoga-Stil auch Samastitih genannt. Die Namen stammen aus dem Sanskrit: *Tada* heißt „Berg", *Sama* heißt „gerade, aufrecht, unbewegt", *Sthitih* heißt „still stehen, Standhaftigkeit". Eine Stellung, in der man fest und aufrecht steht. Wie ein Berg[63].

Die Berghaltung ist die Grundhaltung der stehenden Asanas und ein wichtiges Werkzeug, um die eigene Haltung zu verbessern. Tadasana ist im Prinzip die Anleitung für eine gute Körperhaltung: Sie bringt dein ganzes Skelett zurück in die ideale Ausrichtung. Und gerade in unserem Alltag mit sitzenden Tätigkeiten gibt es immer einen Muskel, der verspannt ist. Fehlerhaftes Stehen, besonders dann, wenn sich das Gewicht nicht ideal auf den Füßen verteilt, verursacht Dysbalancen und das wirkt sich auf den ganzen Körper aus. Mit Tadasana korrigierst du sogar kleinste Fehlstellungen. Und mit einer regelmäßigen Praxis kultivierst du mit Tadasana eine aufrechte, gesunde und richtige Haltung. Wenn der Körper im Lot und leicht ist, so ist der Geist beweglich, sagte einst B. K. S. Iyengar, ein berühmter Yoga-Meister, der zu den Erfindern der Yoga-Therapie gehört[64].

Tadasana ist wie die Basis oder auch die Mutter aller Asanas. Hier beginnen die stehenden Asanas in der einen oder anderen Weise. Wenn du Tadasana richtig ausführst, wird es leichter, manche komplizierten, stehenden Haltungen auszuführen und sie schnell und sicher einzunehmen. Die Berghaltung erlaubt dir Zeit für Achtsamkeit und bringt Körper und Geist zusammen. Das ist auch ein Grund, warum diese Übung gut für Yoga-Anfänger geeignet ist. Mit Tadasana bereitest du dich perfekt auf deine Yogapraxis vor – auch als fortgeschrittener Yogi.

Und so geht Tadasana:

- Du stehst aufrecht mit geschlossenen Füßen. Deine Fersen und Zehen berühren sich. Die Zehen sind flach auf dem Boden ausgestreckt. Deine Füße sollten auf drei Punkten die Hauptbelastung tragen: die Ferse, der Ballen des großen Zehs und der des kleinen. Dazwischen sollte sich das Fußgewölbe in einem Bogen aufspannen.
- Wenn du mit der Balance haderst, kannst du deine Füße mit etwas Abstand aufstellen. So wird es leichter.
- Deine Knie sind durchgedrückt. Um das empfindliche Gelenk zu schonen und zu stabilisieren, ziehst du deine Kniescheibe nach oben. Dreh deine Oberschenkel ein wenig nach innen, deine Hüftmuskulatur ist angespannt.
- Achte darauf, dass sich die Zehen nicht in die Matte krallen und dass dein Gewicht weder mehr auf den Fersen noch mehr auf den Ballen liegt. Es muss gleichmäßig verteilt sein.

- Ziehe deinen Bauch ein und bringe die Brust nach vorn. Zudem steckst du deine Wirbelsäule in die Länge. Dein Nacken ist gerade.
- Für die Armhaltung gibt es unterschiedliche Variationen: So kannst du im vollen Tadasana die Arme über dem Kopf ausstrecken und die Handflächen zusammenlegen. Die gängigere Variante beschreibt die Arme neben dem Körper, die Handflächen am Oberschenkel anliegend.
- Das Fußgewölbe, der Beckenboden und die unteren Bauchmuskeln, der Brustkorb, Halswirbelsäule und dein Scheitel sollten gen Himmel streben.
- Die Schulterblätter, das Steißbein und die Fersen streben Richtung Boden.
- Richte die Krone deines Kopfes/deinen Scheitel direkt über der Mitte deiner Hüfte aus. Die Unterseite deines Kinns ist parallel zum Boden. Wenn du dich in der Übung bewusst von unten nach oben ausrichtest, bringst du deine Energie zum Fließen. Durch diese erdende Übung bereitest du dich für eine Innenschau vor.
- Wenn du dir nicht ganz sicher bist, ob du gerade stehst, kannst du dich auch an eine Wand stellen. Deine Fersen, das Kreuzbein und die Schulterblätter sollten die Wand berühren. Der Hinterkopf berührt die Wand nicht. Dein Gewicht ist gleichmäßig auf die drei Punkte am Fuß verteilt, und deine Hüfte ist zentriert. Deine Brust ist geweitet. Rolle außerdem deine Schultern nach hinten unten.

Die Wirkungen der Berghaltung:

Tadasana verbessert die Haltung und kräftigt Rücken, Oberschenkel, Knie und Fesseln. Es festigt die Bauch- und Gesäßmuskulatur und fördert eine gute Balance. Diese Asana kräftigt deine Beine, und du kannst mit der Berghaltung Ischiasbeschwerden lindern. Außerdem trainierst du bewusst die tieferliegenden Fußmuskeln, was sowohl deine Fußstellung als auch die ganze Haltung positiv beeinflusst. So hilft Tadasana bei Plattfüßen und anderen Fußfehlstellungen. Deine Verdauung sowie das Nerven- und Atemsystem werden reguliert. Außerdem hilft Tadasana, Verstopfungen zu lösen, und lindert Knie und Gelenkprobleme, indem du dich ideal ausrichtest.

Geistig stärkst du deinen Fokus sowie die Konzentration und sorgst für Gelassenheit und Ruhe. Tadasana stabilisiert deinen Geist.

Die Berghaltung erdet dich und bringt auch eine mentale Balance mit sich. Du stärkst dein Selbstbewusstsein und baust innere Klarheit auf.

Das Krokodil (Makarasana) - innere Ruhe erfahren

Makara ist Sanskrit und bedeutet „Krokodil". Den Namen trägt die Asana, da die abgelegten Beine an das Maul eines Krokodils erinnern. Und vielleicht auch, weil Krokodile sich trotz ihres massiven Körpers sehr schnell und sehr behände um die eigene Mitte drehen können. Der Name trifft also ziemlich genau den Sinn und Zweck der Haltung: ein Twist des Rumpfes.

Intensive Drehübungen werden im Yoga in der Regel gegen Ende der Asana-Praxis geübt, da sie einer gewissen Aufwärmung und Mobilisierung bedürfen. Außerdem ist der Gewebestoffwechsel dann ebenfalls auf Touren, und so können die Drehungen ihre volle Wirkung entfalten. Besonders die Entgiftung des Körpers wird hier angeregt. Dieser Bauchtwist löst zudem wunderbar Spannungen; auch muskuläre, die sich eventuell aus deiner Praxis ergeben haben. Daher eignet sich Makarasana als perfekte Asana vor dem Savasana.

Ausführung des Krokodils:

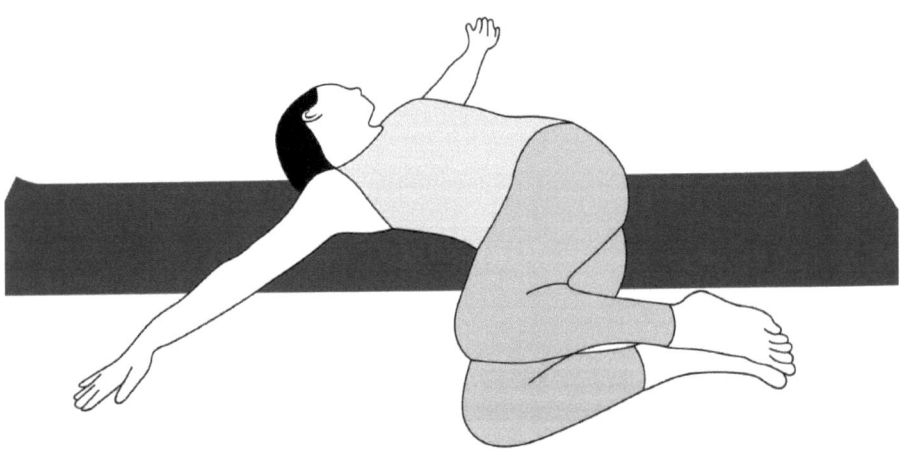

- Du liegst auf dem Rücken, deine Arme liegen auf Höhe der Schultern flach auf dem Boden ausgestreckt, sodass sie einen rechten Winkel zum Körper bilden.
- Hebe mit einer Ausatmung deine gestreckten Beine in die Höhe, bis sie senkrecht zum Boden stehen.
- Verweile für einige Atemzüge in dieser Haltung.
- Senke mit der Ausatmung beide Beine gleichzeitig nach links, bis du sie auf dem Boden ablegen kannst. Die Zehen berühren nahezu die Finger der linken Hand.
- Die Beine sind während der gesamten Übung dicht aneinandergehalten und die Knie durchgestreckt.
- Versuche den Rücken, besonders die rechte Schulter fest auf dem Boden zu halten. Idealerweise bleibt sogar die Lendengegend des Rückens auf dem Boden und nur die Beine drehen sich von der Hüfte aus.
- Die Bauchmuskeln sind aktiviert und ziehen nach rechts.
- Bleibe für etwa 20 Sekunden in dieser Haltung.
- Mit einer Ausatmung hebst du die immer noch fest aneinander gehaltenen Beine zurück in eine senkrechte Position.
- Übe dann die andere Seite.

Wirkungen des Krokodils:

Auf körperlicher Ebene verringert der Bauchtwist übermäßiges Fett und regt die Leber, Milz und Bauchspeicheldrüse an. Makarasana „heilt Gastritis und kräftigt die Eingeweide"[65]. Bei regelmäßiger Praxis dieser Asana, werden alle Bauchorgane gesund erhalten. Außerdem löst diese Asana Verrenkungen im unteren Rücken und der Hüftgegend. Die Halsmuskeln, die auch in die Schulter übergehen, und die Brust- und Rückenmuskeln der Seite, auf der die Beine nicht liegen, werden passiv gedehnt. Ebenso wie die Gesäßmuskeln des oberen Beins. Der Schulter-Nackenbereich kann durch die passive Dehnung entspannen und Makarasana kann eine Skoliose verbessern.

Wenn du deinen Atem tief in den Bauch führst, können gezielt Verspannungen in der Lendengegend gelöst werden. Wird der Atem eher in den Brustbereich gelenkt, werden die Rippenwirbelgelenke mobilisiert[66].

Außerdem fördert der Bauchtwist die Entgiftung des Körpers, reguliert und optimiert die Verdauung und fördert eine Flankenatmung. Besonders die Variante mit den ausgestreckten Beinen trainiert auch die seitliche Bauchmuskulatur. Zudem entspannt diese Asana dein Nervensystem und hält die Wirbelsäule flexibel.

Auf geistiger Ebene reduziert Makarasana Stress und Ängste und bringt Ruhe und Kraft in den Geist.

Auf energetischer Ebene gibt Makarasana Kraft und erdet dich. Eine Reinigung auf allen Ebenen findet statt und das lässt die Energien wieder frei fließen. Gelassenheit, Frieden, Sicherheit und Glück sind Gefühle, die diese Asana mit sich bringt. Sie öffnet dein Herz und lässt dich positive Schwingungen tanken.

Makarasana ist die perfekte Asana, um tiefenentspannt und locker auch durch stressige, herausfordernde Lebensphasen zu gehen.

Die Totenhaltung (Savasana) - vollkommene Entspannung spüren

Wenn du schon Yoga-Kurse besucht hast, wird dir die Endentspannung, die zum Schluss der Yogastunde praktiziert wird, bereits bekannt vorkommen. Richtig heißt die yogische Endentspannung Savasana, übersetzt: *sava* = Leichnam, *asana* = Sitz, Haltung, also Totenhaltung.

Hierbei geht es darum, den Körper vollständig zu entspannen und alle Muskeln bewusst loszulassen, im Geist jedoch hellwach, klar und gleichzeitig ruhig zu bleiben. Da es viel schwieriger ist, die Gedanken als den Körper ruhig zu halten, ist diese dem Anschein nach einfach zu meisternde Haltung eine der schwierigsten.

Fakten über Savasana:

- In Savasana liegst du bewegungslos auf dem Rücken und entspannst (mithilfe von Anweisungen des Lehrers) den kompletten Körper und – im optimalen Fall – auch den Geist.
- Je nach praktiziertem Yoga-Stil und Lehrer ist Savasana unterschiedlich lang.
- Jede klassische Yogastunde endet in Savasana. In der Schlussentspannung verteilt sich, so wird es im Yoga gelehrt, die Energie (Prana), die durch die Yogapraxis aktiviert wurde, im Körper. Ohne Savasana ist die Stunde also nicht vollständig.
- Savasana ist pure Entspannung. Und die ist gerade für den modernen Menschen besonders wichtig – und für viele ein Grund, sich dem Yoga zuzuwenden. Während der Entspannung werden Stresshormone abgebaut, das Immunsystem gestärkt, Heilprozesse gefördert, geistige Stärke und Ruhe wiederhergestellt.
- Savasana wird oft unterschätzt. Savasana bedeutet übersetzt „Totenhaltung", denn in Savasana ist das Nichtstun höchste Pflicht. Nichtstun aber ist für den aktiven, modernen Menschen ziemlich schwer. Denn Nichtstun heißt: nicht bewegen, nicht denken, nicht fühlen. Atmen ist erlaubt, aber bei völliger Entspannung wird sogar der Atem sehr flach und fast unhörbar.

Wie du Savasana richtig ausführst:

Vollständige Entspannung kommt leider meist nicht von selbst, sondern muss geduldig und systematisch gelernt werden.

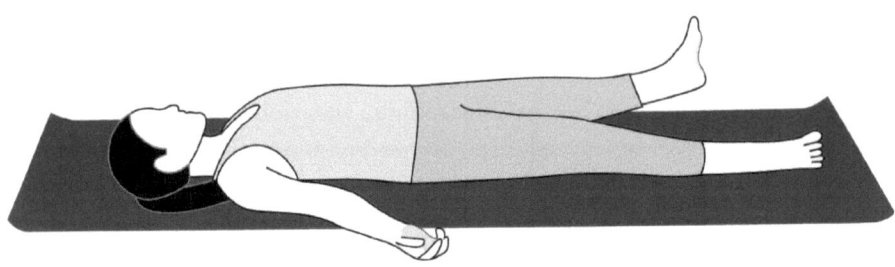

1. Lege dich auf den Rücken.
2. Höre auf, deine Atmung zu führen – lass sie einfach natürlich fließen.
3. Stelle deine Füße auf der Matte auf und versuche den unteren Rücken so lang wie möglich zu machen, indem du deinen Po hebst und so nah wie möglich an deinen Füßen ablegst. So sorgst du dafür, dass der unter Rücken nicht gestaucht wird, sondern stattdessen lang und entspannt mit der maximal möglichen Fläche auf der Erde aufliegt.
4. Dann lege die Beine wieder ab, die Füße liegen etwa hüftbreit voneinander entfernt. Im optimalen Fall berühren die Oberschenkel einander nicht. Wichtig ist aber, dass sich der Abstand für dich angenehm anfühlt.
5. Hebe ein Bein nach dem anderen vom Boden und ziehe zuerst das eine, dann das andere Bein lang (Richtung Ferse).
6. Dann entspanne die Füße und lasse die Zehen nach links und rechts nach außen sinken.
7. Aktiviere die Schulterblätter und ziehe sie auf dem Boden zueinander und öffne so die Brust. Dann entspanne den Schulterbereich.
8. Aktiviere deine Arme und strecke sie Richtung Füße aus. Lege sie dann mit nach oben geöffneten Handflächen neben deinem Oberkörper so ab, dass Luft an die Achseln kommt.

9. Drehe deinen Kopf mehrmals sanft von links nach rechts, und von rechts nach links, und pendele ihn dann in der Mitte ein. Deine gesamte Wirbelsäule sollte eine Linie bilden.
10. Ziehe dann dein Kinn ein kleines bisschen näher an deinen Hals und mache so deinen Nacken lang.
11. Nun beginnt das eigentlich Savasana, nämlich das absolute Nichtstun.

Die Wechselatmung (Nadi Shodana) - die Balance wiederfinden

Die Wechselatmung (Nadi Shodana bzw. Anuloma Viloma) ist eine der bekanntesten yogischen Reinigungs- und Atemtechniken. Ihre spezielle Wirkung besteht im Ausgleichen, dem in Balance bringen des Atems und infolge dessen des Geistes. Ha (Sonne) und Tha (Mond), rechte und linke Gehirnhälfte, werden in Einklang gebracht.

Darüber hinaus beruhigt die Wechselatmung, stimmt friedlicher und gelassener. Fühlt man sich eher müde, antriebslos, träge, dann wirkt die Wechselatmung aktivierend und kann mit neuer Kraft und Energie aufladen. Sie weckt die Bereitschaft, tätig zu sein, kreativ zu werden, Dinge sinnvoll und positiv miteinander zu verknüpfen.

Anleitung zur richtigen Durchführung der Wechselatmung Nadi Shodhana:

- Sorge für bequeme Kleidung und eine ruhige Umgebung.
- Setz dich nun auf einen bequemen Stuhl oder in den Schneidersitz auf eine Matte auf dem Boden. Am besten ist das Becken höher als die Knie, sodass eine stabile Sitzposition eingenommen ist. Der Rücken ist gerade aufgerichtet, der Scheitel strebt zum Himmel. Die linke Hand liegt entspannt auf dem linken Oberschenkel oder Knie.

- Schließe nun die Augen und fokussiere dich auf dein Inneres.
- Rolle den rechten Zeige- und den Mittelfinger ein, spreize Daumen und Ringfinger ab. Führe nun den rechten Daumen zur Nase und schließe mit ihm das rechte Nasenloch.
- Atme nun ruhig und lang durch das linke Nasenloch ein.
- Schließe nach der Einatmung beide Nasenlöcher mit Daumen und Ringfinger fest zu und halte kurz den Atem an.
- Öffne dann dein rechtes Nasenloch und atme dadurch lang und ruhig aus.
- Jetzt atme durch dasselbe Nasenloch (rechts) wieder lang und ruhig ein. Dabei halte das linke Nasenloch immer noch geschlossen.
- Schließe erneut beide Nasenlöcher fest zu und halte kurz den Atem an.
- Öffne nun wieder das linke Nasenloch und atme dadurch lang und ruhig aus.
- Führe den gesamten bisherigen Atem-Ablauf für mindestens 5 Runden aus.
- Beende die Wechselatmung immer mit der Ausatmung durch das linke Nasenloch.

Die Wirkungen von Nadi Shodana:

Körperlich:
- Harmonisierung aller Körperfunktionen
- Ausgleich der beiden Gehirnhälften
- Vorbeugung von Erkältungskrankheiten
- Verbessert die Atmung über die Nase
- Herz-Kreislauf-Training
- Verbesserung der Lungenkapazität
- Kontrolle der Atmung
- Positiver Einfluss auf Krankheiten wie Allergien und Asthma

Geistig:
- Innere Ruhe und geistige Kraft
- Erhöhte Konzentration
- Emotionale Balance

- Ausgeglichenheit
- Ängste und Unsicherheiten werden beseitigt

Energetisch:
- Kontrolle über die Lebensenergie (Prana)
- Der Prana-Fluss verbessert sich
- Der Energie-Körper wird gereinigt

Bereits 5 Minuten dieser Atemübung pro Tag sind ausreichend, um eine Veränderung auf allen Wirkebenen zu spüren. Nach und nach kann die Übungszeit ausgedehnt werden, bis zu einer halben Stunde.

Der Meditationssitz

Der Meditationssitz ist – im wahrsten Sinne des Wortes – die Basis deiner Meditationspraxis. Denn erst wenn du einen bequemen Sitz gefunden hast, können sich Körper und Geist aufs Meditieren einlassen.

Um keine Missverständnisse aufkommen zu lassen: Eigentlich ist es egal, wie du dich zum Meditieren hinsetzt – solange der Sitz für dich bequem und die Wirbelsäule aufgerichtet ist. Trotzdem ist es sinnvoll, sich vor Beginn der Meditationspraxis mit dem Sitz zu beschäftigen. Zum einen ist es ohne Vorerfahrung gar nicht so leicht, einen Sitz zu finden, in dem man für längere Zeit wirklich gut sitzen kann. Zum anderen können viele Menschen nicht problemlos auf dem Boden sitzen und müssen erst mal eine passende Alternative finden.

Was bedeutet „gut sitzen" in der Meditation?

Im yogischen Sinne sitzt du dann gut, wenn du deinen Unterkörper ganz schwer und entspannt auf dem Boden/dem Stuhl platziert hast. Denn wenn du bis zur Taille losgelassen hast, dann fühlst du dich automatisch ein bisschen „geerdeter" und ruhiger.

Der Oberkörper dagegen soll vom Steißbein bis zum höchsten Punkt des Kopfes eine gerade Linie bilden und nach oben streben. Ein aufrechter Sitz ermöglicht nicht nur eine gute Durchblutung, sondern wirkt sich auch auf deinen Geist aus. Er ermöglicht es dir, eine klare, starke innere Haltung einzunehmen und auch geistig nach oben zu streben.

Schließlich bedeutet „gut sitzen", dass du diese Sitzhaltung für die Dauer der Meditation problemlos halten kannst, also ohne Verspannung und Anstrengung (idealerweise auch ohne eingeschlafene Füße).

Hilfsmittel erlaubt: Für viele Menschen ist es schwierig, den unteren Rücken gerade zu lassen, wenn sie auf dem Boden sitzen. Deshalb sind Meditationskissen sehr beliebt. Je nach Höhe des Kissens setzt du dich mit dem ganzen Gesäß darauf oder nur mit dem hinteren Teil, damit dein Becken etwas nach vorne kippt und du so mühelos einen gerade unteren Rücken bekommst. Den gleichen Effekt kannst du auch mit einer gefalteten oder gerollten Decke erzielen.

Andere haben eher Probleme mit der Hüftöffnung, können also nicht im Schneidersitz sitzen, weil sonst ihre Knie steil in die Höhe ragen und an einen gerade Rücken nicht mehr zu denken ist. Dann eignet sich der Fersensitz am besten.

Bei Knieproblemen allerdings ist auch der Fersensitz nicht geeignet – dann sitzt es sich am besten auf einem Stuhl.

Und ein Tipp: Halte zum Meditieren immer eine Decke oder ein großes Tuch bereit, das du dir über die Schultern legen kannst, und zieh dich etwas wärmer an, denn gerade bei längeren Meditationen kühlt der Körper schnell aus.

Im Folgenden findest du die wichtigsten Sitzhaltungen in der Meditation (von einfach bis fortgeschritten):

1. Stuhlsitz

Geeignet für alle, die Knieprobleme haben:

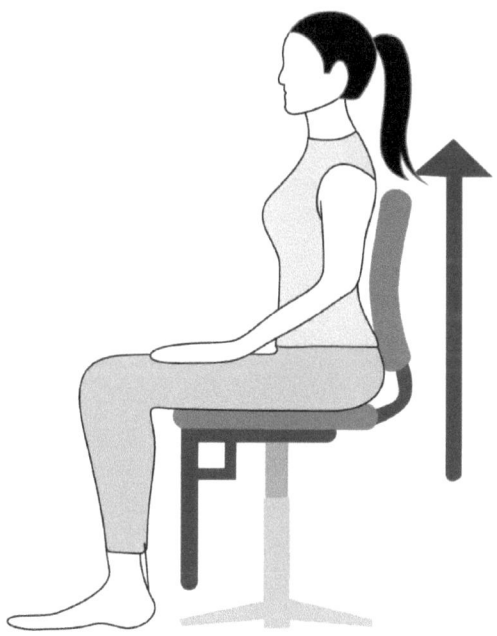

- Setze dich auf einen festen, harten Stuhl (also keinen rollenden Bürostuhl mit Kissen drauf). Dabei lehnst du dich nicht an.
- Kippe das Becken so nach vorne, dass dein Rücken von Steißbein bis zum höchsten Punkt des Kopfes eine gerade Linie bildet – behalte dabei die natürliche Wölbung des Rückens bei.
- Der Po sinkt tief in den Stuhl, die Schultern sind entspannt und weit weg von den Ohren und der Kopf strebt entspannt nach oben, das Kinn zieht dabei ganz leicht unten Richtung Hals (um den Nacken zu strecken).
- Oberkörper und Oberschenkel bilden einen 90 Grad-Winkel.
- Setze deine Füße (keine Schuhe!) ganz auf dem Boden auf. Oberschenkel und Waden bilden einen 90-Grad-Winkel.
- Wenn du willst, schließe die Augen.

2. Vajrasana - Fersensitz

Geeignet für alle, die Probleme dabei haben, ihre Hüfte zu öffnen:

- Knie dich auf den Boden und setz dich mit deinem Gesäß auf deine Fersen.
- Kippe das Becken so nach vorne, dass dein Rücken von Steißbein bis zum höchsten Punkt des Kopfes eine gerade Linie bildet – behalte dabei die natürliche Wölbung des Rückens bei.
- Der Po sinkt tief in den Boden, die Schultern sind entspannt und weit weg von den Ohren und der Kopf strebt entspannt nach oben, das Kinn zieht dabei ganz leicht unten Richtung Hals (um den Nacken zu strecken).
- Wenn du willst, schließe die Augen.

Tipps: Lege eventuell ein dünnes Kissen zwischen Füße und Po – dann sitzt du weicher – und/oder eine dünne, gerollte Decke auf den Boden unter deinen Fußspann – das mildert dort die Dehnung. Noch bequemer ist diese Position mit einem Meditationsbänkchen, das du über deine Waden stellst und dich dann daraufsetzt.

3. Sukhasana - Schneidersitz

Dieser „einfache Sitz" erfordert offene Hüften:

- Setze dich mit dem Gesäß auf den Boden und überkreuze dann vor dir deine Beine.
- Kippe das Becken so nach vorne, dass dein Rücken von Steißbein bis zum höchsten Punkt des Kopfes eine gerade Linie bildet – behalte dabei die natürliche Wölbung des Rückens bei.
- Der Po sinkt tief in den Boden, die Schultern sind entspannt und weit weg von den Ohren und der Kopf strebt entspannt nach oben, das Kinn zieht dabei ganz leicht unten Richtung Hals (um den Nacken zu strecken).
- Wenn du willst, schließe die Augen.
- Wenn du länger meditierst, solltest du die Beine in der Hälfte der Meditation andersherum überkreuzen.

4. Siddhasana - Sitzhaltung des Vollkommenen

Die „vollkommene Sitzhaltung" ist eine sehr alte, traditionelle Sitzhaltung und soll vor allem Mönche bei der Kontrolle ihrer sexuellen Triebe unterstützen. Grundsätzlich ähnelt die Position dem Schneidersitz, nur liegt hier eine Ferse zwischen den Geschlechtsorganen und dem Anus (am Perineum bzw. vor der Scheide oder dem Penis) und die andere Ferse am Schambein.

Eine Variante von Siddhasana ist Muktasana (die Sitzhaltung des Befreiten): Hier liegen die Beine voreinander und unterhalb des Penis/der Scheide, sodass diese/s „frei" bleibt.

5. Swastikasana - Sitzhaltung in Form einer Swastika (Glückssymbol)

Swastikasana ähnelt ebenfalls dem Schneidersitz, nur dass hier die Fußspitzen/die Zehen zwischen Waden und Oberschenkel des jeweils anderen Beines eingeklemmt werden.

6. Padmasana - Lotussitz

Der wohl bekannteste und von vielen ersehnte Yoga-Sitz ist der Lotus, Padmasana. Er ist aber wirklich nur für Menschen mit sehr offenen Hüften geeignet – sonst droht ein bleibender Meniskus-Schaden!

Der Lotus ist von der Basis her dem Schneidersitz ähnlich, hier werden aber die Füße überkreuzt und auf dem jeweils anderen Oberschenkel abgelegt – im Idealfall direkt in der Leiste. Wer bequem in Padmasana sitzen kann, merkt, warum dieser Sitz als klassische Meditationshaltung bekannt ist – im Lotus erdet sich der untere Teil des Körpers wie von selbst und der Oberkörper fühlt sich an, als würde er schweben!

Bei Ardha Padmasana, dem halben Lotus, wird nur ein Fuß auf dem gegenüberliegenden Oberschenkel abgelegt, der andere Fuß liegt unter dem anderen Oberschenkel.

Wie genau du beim Meditieren sitzen möchtest, welche Sitzhaltung für dich längere Zeit bequem und praktikabel ist, kannst du durch Ausprobieren selbst herausfinden.

Die Metta-Meditation - das Glück für dich und andere erzeugen

Die Metta-Meditation ist eine der ältesten buddhistischen Meditationsarten. Sie hilft dir dabei, dich mit dir selbst und den Menschen, die du liebst, zu verbinden[67].

Wenn wir Metta spüren und nach dem Prinzip handeln, kommen wir weg vom Urteilen und auch davon, ständig im Gefühl des Mangels zu leben. Wissenschaftler der amerikanischen Stanford University fanden in einer Studie heraus, dass regelmäßige Metta-Meditation unsere Fähigkeit zur sozialen Verbindung stärkt.

Was ist also Metta?

Das Grundprinzip ist einfach: Metta beschreibt den Zustand völlig bedingungsloser, wohlwollender und allumfassender Liebe und Güte. Dabei geht es weniger um die romantische (und auch nicht um die platonische) Liebe zwischen zwei Menschen, sondern darum, grundsätzlich jedem Menschen, jedem Tier, jeder Pflanze mit Güte zu begegnen und ihm bedingungslos nur das Beste zu wünschen – egal, was dieses Wesen sagt, tut oder auch nicht tut. Diese Liebe ist frei von jeder Anhaftung und jedem Handeln aus dem Ego heraus.

Metta und der Wunsch, dass es allen Wesen auf der Welt gut geht, stammen aus dem Buddhismus. Es ist eines der 40 klassischen Meditationsobjekte (neben etwa dem Atem oder einem Mantra), die Buddha benannt haben soll und die im buddhistischen Werk Visuddhi-Maggha zu finden sind. Metta ist in der buddhistischen Ethik eine der „vier unermesslichen Herzensbefreiungen" oder auch „vier himmlischen Verweilzustände". Neben Metta gehören noch Karuna (Mitgefühl), Mudita (Mitfreude) und Upekkha (Gleichmut) dazu. Diese vier Herzenseigenschaften stehen in einer engen Beziehung zueinander, und jede einzelne beinhaltet jeweils die anderen drei. Karuna, Mudita und Upekkha sind aber alle Facetten von Metta, denn die allumfassende Liebe steht über allem.

Das Konzept von Metta stammt also vom Buddha – den Gedanken aber gibt es in den verschiedensten Traditionen: Im Christentum ist Metta mit dem Begriff der Nächstenliebe vergleichbar. In der vedischen Tradition – zu der auch Yoga gehört – finden wir diese allumfassende liebende Güte auch. „Lokah samasta sukhino bhavantu" ist eines der beliebtesten Mantras im Yoga und sagt genau das aus, was Metta ausmacht: Mögen allen Wesen in allen Welten glücklich und frei von Leid sein.

Wie kannst du Metta üben?

Die beste Möglichkeit, Metta zu praktizieren und zu kultivieren, ist in der Meditation. Denn je mehr wir das Gefühl der liebenden Güte und des Wohlwollens allen Wesen gegenüber in uns verankern, desto leichter fällt es uns auch im Alltag, mehr Herzenswärme zu zeigen. Und zwar sowohl uns selbst als auch anderen gegenüber! Denn das ist das Tolle an der Metta-Meditation: Wir können uns gleichzeitig in Selbstliebe, Geduld, weniger Urteilen und einer positiven Sichtweise üben …

Was ist der Unterschied zwischen der Metta- und Achtsamkeitsmeditation?

Die beiden wichtigsten unterschiedlichen Meditationsstile im Buddhismus sind die Achtsamkeitsmeditation, bei der die Präsenz im Hier und Jetzt im Vordergrund steht, und die Konzentration auf ein bestimmtes Objekt – zum Beispiel ein Mantra oder die wohlwollenden Sätze der Liebende-Güte-Meditation. Letztere ist für Anfänger oft leichter, weil die Gedanken nicht so leicht abdriften und der Geist eine konkrete Aufgabe hat.

Metta führt uns also nicht nur unsere wahre Natur der Liebe und der Güte vor Augen, sie eignet sich auch bestens für Meditationsneulinge – und zur Beruhigung des „monkey mind".

Anleitung für die Metta-Meditation:

1. Finde einen ruhigen Ort für deine Meditation und setze dich bequem auf ein Meditationskissen oder auf einen Stuhl.
2. Schließe deine Augen und konzentriere dich zunächst auf deine Atmung. Wenn du dich ein wenig gesammelt hast und im gegenwärtigen Moment angekommen bist, starte mit der Metta-Meditation.
3. Sage dir dazu im Geist zunächst folgende Sätze:

Möge ich glücklich sein.
Möge ich gesund sein und frei von Leid.
Möge ich frei sein von Hass und Gier.
Möge ich voller Ruhe, Frieden und Gelassenheit sein.

Du kannst die Sätze auch ein wenig abwandeln, sodass sie dir natürlicher erscheinen, und besser für dich persönlich passen. Wiederhole die Sätze so oft, bis du ihren Inhalt wirklich verinnerlicht hast und die liebende Güte für dich selbst spüren kannst.

4. Denke als Nächstes an eine Person, die dir nahesteht und die du gern hast. Sprich dann in Gedanken wieder mehrmals die Sätze:

Mögest du glücklich sein.
Mögest du gesund sein und frei von Leid.
Mögest du frei sei von Hass und Gier.
Mögest du voller Ruhe, Frieden und Gelassenheit sein.

Versuche auch hier, dir die Person so gut es geht vorzustellen und ihr diese Dinge wirklich von Herzen zu wünschen.

5. Nun folgt eine Person, zu der du ein neutrales Verhältnis hast. Die du also weder besonders gern magst noch ablehnst. Sag wieder einige Male im Geist diese Sätze zu dieser Person.

Mögest du glücklich sein.
Mögest du gesund sein und frei von Leid.
Mögest du frei sei von Hass und Gier.
Mögest du voller Ruhe, Frieden und Gelassenheit sein.

6. Nun kommt der schwierigste Teil – aber auch der wichtigste, wenn wir wirklich Metta, also liebende Güte, entwickeln wollen: ein Mensch, den du nicht magst oder mit dem das Verhältnis sehr schwierig ist. Sprich nun in Gedanken wieder die Sätze und richte sie aus vollem Herzen an diese Person.

Mögest du glücklich sein.
Mögest du gesund sein und frei von Leid.
Mögest du frei sei von Hass und Gier.
Mögest du voller Ruhe, Frieden und Gelassenheit sein.

7. Wenn du magst, kannst du die Meditation noch etwas ausweiten und allen Menschen auf diesem Planeten die positiven Wünsche entgegenbringen.
8. Schließe danach in Ruhe die Meditation ab. Atme einige Male tief durch und öffne dann langsam und vorsichtig die Augen.
9. Versuche, das Gefühl von Metta den Tag über weiter zu kultivieren und immer wieder in dir zu spüren.

Das Heilmantra Ra Ma Da Sa - eine positive Lebenseinstellung schaffen

Das Mantra *Ra Ma Da Sa* ist ein Mantra aus dem Kundalini Yoga nach Yogi Bhajan. Yogi Bhajan war hingebungsvoller Sikh, deswegen sind die Mantras aus dem Kundalini Yoga auf Gurmukhi, nicht wie Mantras im Hatha Yoga auf Sanskrit. Gurmukhi bedeutet übersetzt aus dem Munde des Gurus.

Das Mantra *Ra Ma Da Sa* soll bei Depressionen helfen, in dem es uns dabei unterstützt, alte Gedankenmuster loszulassen und unser Leben mit einer positiven Lebenseinstellung zu betrachten. Außerdem setzt es Heilenergien frei, die du für dich selbst nutzen oder anderen Menschen senden kannst.

1. Sitze aufrecht im einfachen Sitz/Schneidersitz auf einer Yoga-Matte. Unterstütze deinen aufrechten Sitz dadurch, dass du ein Meditationskissen zur Hilfe nimmst und dich auf den vorderen Rand setzt. So ist dein Becken leicht gekippt und der Rücken in aufrechter natürlicher Position. Deine Knie können sicher und entspannt auf dem Boden ruhen. Je höher das Meditationskissen, desto einfacher fällt es Anfängern, im Schneidersitz zu entspannen.
2. Lege deine linke Hand auf dein Herz-Zentrum und deine rechte Hand auf die linke Hand.
3. Schließe deine Augen.
4. Chante das Mantra aus vollem Herzen!

RA – *Sonne*
MA – *Mond*
DA – *Erde*
SA – *Unendlichkeit des Kosmos*
SE – *Persönliche Unendlichkeit*
SO HUNG – *Ich bin du*

Eine sehr schöne Version – mein Favorit! – zum Mitchanten findest du auf YouTube unter dem Suchbegriff „Ra Ma Da Sa / Mirabai Ceiba".

WENN DIE SEELE HILFE BRAUCHT

Psychische Krankheiten nehmen immer mehr zu: Etwa jeder zehnte Deutsche leidet im Laufe seines Lebens mindestens einmal an Depressionen – psychosomatische Probleme wie Hörsturz, Burnout und andere chronische Erschöpfungssyndrome sind omnipräsent. Gleichzeitig werden psychische Beschwerden im Vergleich zu anderen gesundheitlichen Problemen immer noch stigmatisiert. Und nicht nur das belastet Betroffene oft zusätzlich, auch die Unwissenheit über Ursachen und Behandlungsmöglichkeiten und deren Erfolgsaussichten verunsichern Menschen mit psychischen Problemen.

Mit Yoga gibt es eine wirksame Methode, mit denen Betroffene selbst etwas für ihre Genesung tun können. Mittlerweile belegt eine Vielzahl von wissenschaftlichen Untersuchungen, wie Yoga die psychische Gesundheit fördert und die Selbstheilungskräfte aktiviert[68].

Da ich mich als Heilpraktikerin (Psychotherapie) und Yogatherapeutin auf die Behandlung psychischer Krankheiten wie Burnout, Depression und Ängste spezialisiert habe, möchte ich die genannten Krankheitsbilder im Folgenden kurz skizzieren, um anschließend aufzuzeigen, wie Yoga als Therapie speziell bei diesen Problemen helfen kann. Tatsächlich ist es so, dass eine Vielzahl von Yoga-Interessierten und Yoga-Praktizierenden mit Yoga begonnen haben, um ein wirksames Mittel gegen Burnout und Stress zu finden.

„Burnout habe ich nicht" – magst du jetzt vielleicht denken. Tatsächlich ist es jedoch so, dass, wenn du einen Arbeitsplatz hast, Kinder hast oder Schule bzw. Uni besuchst, du mit großer Wahrscheinlichkeit zumindest zeitweise an einem Burnout gelitten hast, denn jeder von uns befindet sich früher oder später in hitzigen Lebensphasen, die uns überfordern können. Wenn du jedoch weißt, wie du dich mental vor Überforderung schützen kannst, hast du einen weiteren Glücksbringer in deinem „Glückspetto" geschaffen.

Zwar ist der klassische Burnout immer an den Arbeitsplatz gekoppelt, jedoch lässt sich das Prinzip des Burnouts zu 100 % auf überfordernde Lebensumstände außerhalb des Berufs übertragen (z. B. bei einem Umzug, einem besonderen Ereignis in der Familie oder beim Studium). Du kannst also im folgenden Abschnitt wahlweise die Wörter „Job" oder „Arbeit" auch mit dem Wort „Lebensumstände" ersetzen.

BURNOUT - EINER DER GRÖSSTEN GLÜCKSKILLER ÜBERHAUPT

Der Begriff Burnout wird allgemein übersetzt mit „ausgebrannt sein" und stammt von dem deutsch-amerikanischen Psychotherapeuten Herbert Freudenberger, der 1974 den Begriff zunächst nur für Beschwerden bezogen auf den Arbeitsalltag – meist aus dem sozialen Bereich – verwendete. Er definierte Burnout als

- einen Zustand der Erschöpfung und Frustration, der durch unrealistische Erwartungen verursacht wird,
- Energieverschleiß, eine Erschöpfung aufgrund von Überforderungen, die von innen oder von außen kommen können und einer Person Energie, Bewältigungsmechanismen und innere Kraft rauben,
- einen psychologischen und physiologischen Zustand, der durch Depression, Erschöpfung und Zynismus gekennzeichnet ist.

Über die Jahre hinweg wurde die Definition immer wieder modifiziert und galt auch für Belastungen außerhalb der Arbeitswelt. Doch streng genommen war Burnout an sich (noch) keine eigene Krankheit: „Die Diagnose Burnout ist nicht in der Internationalen Klassifikation der Krankheiten und verwandter Gesundheitsprobleme (ICD-10) enthalten. Dort kann Burnout nur unter dem Stichwort ‚Probleme mit Bezug auf Schwierigkeiten bei der Lebensbewältigung inkl. Ausgebranntsein [Burnout]' als Zusatzcodierung (zusätzlich zu einer anderen Diagnose) klassifiziert werden. Deshalb kann Burnout nicht als ‚offizielle' Krankheit bezeichnet werden[69]."

Seit Mai 2019 beschreibt nun die Weltgesundheitsorganisation (WHO) Burnout als Syndrom aufgrund von „chronischem Stress am Arbeitsplatz, der nicht erfolgreich verarbeitet wird". Das Syndrom hat laut ICD-11 drei Dimensionen:

- ein Gefühl von Erschöpfung,
- eine zunehmende geistige Distanz oder negative Haltung zum eigenen Job und
- ein verringertes berufliches Leistungsvermögen.

Wer von einem Burnout betroffen ist, fühlt sich aufgrund einer konkreten Belastung, die über einen längeren Zeitraum besteht, ausgebrannt und erschöpft. Das Gefühl von Überforderung, Müdigkeit, Abgeschlagenheit, nachlassender Leistungsfähigkeit, innerer Unruhe, Schlafstörungen sowie körperliche Symptome wie Magen-Darm-Beschwerden, Kopfschmerzen oder sexuelle Unlust können auftauchen und den Alltag beschwerlich machen. Wichtig ist, dass es für die Beschwerden bei einem Burnout einen konkreten Grund gibt beziehungsweise die Beschwerden auf ein Ereignis/Situation zurückgeführt werden können.

Wie kommt es zum Burnout?

Chronischer Stress zum Beispiel am Arbeitsplatz kann zu einer Überforderung und zu einem Gefühl des Ausgebrannt-Seins führen. Wer über einen dauerhaften Zeitraum das Gefühl hat, nicht gesehen zu werden und hohen Anforderungen nicht gerecht zu werden, seine Grenzen regelmäßig überschreitet, ständig unter Zeitdruck steht, soziale Kontakte vernachlässigt und Konflikte mit Kollegen austrägt, läuft Gefahr, einen Burnout zu erleiden. Dabei kann nicht nur ein erhöhtes Stresslevel, sondern dauerhafter, also chronischer Stress, einen Burnout erzeugen.

Bei der Entstehung eines Burnouts kann man verschiedene Phasen unterscheiden, in denen er sich vollzieht. Hierzu gibt es (noch) kein einheitliches

Modell, das Modell nach Jerry Edelwich und Archie Brodsky unterscheidet folgende vier Phasen:

In Phase 1 (idealistische Begeisterung) ist man richtig gut drauf und sehr lebendig. Man braucht wenig Schlaf, kann sich gut konzentrieren, die Arbeit geht leicht von der Hand und macht Spaß. Das Privatleben muss jedoch schon leiden, man nimmt sich kaum Zeit für Freunde oder eigene Freizeitinteressen. Problematisch ist das „runterfahren", ausruhen, abschalten, Entspannung ist kaum möglich. Alles funktioniert nach dem Prinzip „Höher, schneller, weiter – mehr".

In der 2. Phase (Stillstand) merkt man dann plötzlich, wie unerreichbar manche Ziele sind. Man beginnt, später zur Arbeit zu kommen, kann sich kaum noch motivieren und Widerwillen stellt sich ein. Die ersten körperlichen Symptome, wie beispielsweise Kopf-, Bauch- oder Rückenschmerzen, melden sich und die Arbeit geht nicht mehr so leicht von der Hand. Alles dreht sich im Kreis und wird zu einer Endlosspirale. Man empfindet immer stärkeren Widerwillen, der Spaß an der Arbeit kommt abhanden. Man ist müde und erschöpft, die Gedanken drehen sich.

In der 3. Phase (Frustration) findet man kaum noch etwas, um sich zu motivieren. Die Arbeit gelingt nur schwer und bekommt einen noch höheren Stellenwert. Man arbeitet länger, nimmt sogar Arbeit mit nach Hause. Fehler schleichen sich ein und Konzentration und Motivation sinken. Die Gedanken und Gefühle fahren Achterbahn. Man fühlt sich wie in einem Hamsterrad, aus dem es kein Entrinnen gibt.

In der 4. Phase (Apathie) schließlich entsteht das Gefühl der Lebensbedrohung, alle Energiepotenziale fahren herunter, man läuft nur auf „Notstrom". Angst, Erschöpfung bis hin zum Gefühl des Gelähmtseins sind die vorherrschenden Empfindungen. Man kann sich nicht mehr motivieren, fühlt sich leer und hilflos und alles erscheint sinnlos. Man empfindet sich als Last für Ihren Partner, Familie und Freunde[70].

Was wer als Stress empfindet, ist individuell ganz unterschiedlich. Was den einen erst zur Hochform auflaufen lässt, kann den anderen schon extrem überfordern. Wichtig ist es deshalb, seine eigene Wahrnehmung zu schulen und rechtzeitig dauerhafte Überforderungen wahrzunehmen und ihnen vorzubeugen beziehungsweise einen Ausgleich zu schaffen.

Zum einen gilt es, die bestehenden Probleme konkret zu formulieren:

- *Was genau hat zu der massiven Überforderung geführt?*
- *Habe ich das Gefühl, täglich etwas Sinnbefreites zu tun?*
- *Gehe ich ständig über meine Grenzen hinaus?*
- *Arbeite ich dauerhaft unter massivem Zeitdruck?*
- *Habe ich zu hohe Ansprüche an mich selbst?*
- *Kann ich um Hilfe bitten und diese auch annehmen?*

Zum anderen kann es sinnvoll sein, zu schauen, wie sich das Gefühl von Überforderung und Ausgebrannt-Sein überhaupt äußert:

- *Steht die Niedergeschlagenheit und Antriebslosigkeit im Fokus?*
- *Haben sich Ängste oder sogar Zwänge entwickelt?*
- *Bin ich aggressiv?*
- *Habe ich mich von meinen sozialen Kontakten zurückgezogen?*
- *Habe ich körperliche Symptome, wie Rücken- oder Kopfschmerzen?*

Und schließlich solltest du beobachten, ob das, mit dem du gerade zu tun hast, wirklich nur auf die Situation beschränkt ist und ob du dich mit Änderungen am Arbeitsplatz oder Jobwechsel besser fühlen könntest. Oder sind die Beschwerden schon allgemein geworden, losgelöst vom Arbeitsalltag, und beeinflussen inzwischen das gesamte Leben? Oder hat es mit Problemen zu tun, die schon länger bestehen, aber sich erst jetzt in einem solchen Ausmaß zeigen? Um hier Klarheit zu schaffen, kann die Hilfe eines Psychotherapeuten sinnvoll sein.

Darüber hinaus sind das Üben in Achtsamkeit und die Fähigkeit sowie die Zeit zum Entspannen wichtige Komponenten. Denn achtsam zu werden für das, was Stress individuell für dich bedeutet, zu erkennen, wie sich Stress körperlich bemerkbar macht und die eigene Belastungsgrenze auszuloten, kann helfen, einem Burnout vorzubeugen oder ihn zu behandeln[71].

Meditation und Yoga können hier wichtige Tools sein, um Achtsamkeit und Entspannung zu lernen, und so einen Ausgleich zum stressigen Job bzw. den stressigen Lebensumständen zu bilden. Darüber hinaus sind meist die Anpassung oder Änderung des (Arbeits-)Alltags und der eigenen Glaubenssätze sinnvoll. Konkret heißt das:

- *Um Hilfe bitten, wenn etwas zu viel wird,*
- *dich selbst mit deinen Schwächen akzeptieren,*
- *den eigenen Perfektionismus entlarven und milder werden – mit sich und mit anderen,*
- *dich mehr in Selbstfürsorge üben, also Auszeiten als etwas Unbedingtes betrachten,*
- *den Fokus auf Positives lenken.*

Burnout-Syndrom oder psychische Erkrankung?

Hinter einem Burnout kann eine momentane Überbelastung stecken, aber auch eine Erkrankung wie zum Beispiel eine Depression oder eine Angststörung. Ebenso kann ein Burnout in einer solchen Krankheit münden.

DEPRESSION - WENN DAS GLÜCK ABHANDENGEKOMMEN IST

Jeder Mensch kennt Phasen im Leben, in denen es nichts gibt, worauf man sich freuen kann, alles grau in grau erscheint, man „deprimiert" ist. So kann das Wetter, der Job oder eine private Enttäuschung als deprimierend erlebt werden. Depression wird oft als Begriff gebraucht, um alltägliche Schwankungen unseres

Befindens zu beschreiben. Aber eine Depression im medizinischen Sinne ist etwas anderes als eine vorübergehende Phase der Niedergeschlagenheit und Unlust oder ein Stimmungstief, das bei fast jedem Menschen im Laufe des Lebens ein- oder mehrmals auftritt.

Aus medizinisch-therapeutischer Sicht ist die Depression eine ernste Erkrankung, die das Denken, Fühlen und Handeln der Betroffenen beeinflusst, mit Störungen von Körperfunktionen einhergeht und erhebliches Leiden verursacht. Menschen, die an einer Depression erkrankt sind, können sich selten allein von ihrer gedrückten Stimmung, Antriebslosigkeit und ihren negativen Gedanken befreien.

Die WHO definiert Depression als psychische Störung, die durch Traurigkeit, Interesselosigkeit und Verlust an Genussfähigkeit, Schuldgefühle und geringes Selbstwertgefühl, Schlafstörungen, Appetitlosigkeit, Müdigkeit und Konzentrationsschwächen gekennzeichnet sein kann. Sie kann über längere Zeit oder wiederkehrend auftreten und die Fähigkeit einer Person zu arbeiten, zu lernen oder einfach zu leben beeinträchtigen. Im schlimmsten Fall kann eine Depression zum Suizid führen.

Depressionen zählen zu den häufigsten und hinsichtlich ihrer Schwere am meisten unterschätzten Erkrankungen. Im Vergleich zu den 1970er Jahren hat sich die Anzahl von Depressionen bis 2017 ungefähr verzehnfacht. Insgesamt sind 8,2 %, d. h. 5,3 Mio. der erwachsenen Deutschen (18-79 Jahre) im Laufe eines Jahres an einer unipolaren oder anhaltenden depressiven Störung erkrankt[72]. Diese Zahl erhöht sich noch einmal um Kinder und Jugendliche und auch Menschen über 79 Jahre, die in dieser Studie nicht erfasst sind, aber ebenfalls an Depression erkranken können.

Eine Depression ist durch folgende Symptome gekennzeichnet:

Hauptsymptome

- **Gedrückte Stimmung:** Depressionen gehen oft mit einer niedergeschlagenen, gedrückten Stimmung einher. Manche Betroffene berichten auch von innerer Leere und der Unfähigkeit, eigene Gefühle wahrnehmen zu können. Sie geben an, sich wie versteinert zu fühlen.

- **Interessen- oder Freudlosigkeit:** Menschen mit Depression verlieren das Interesse an früher für sie bedeutsamen Dingen und Aktivitäten. So machen beispielsweise Hobbys, der Beruf, Freizeitaktivitäten oder gemeinsame Unternehmungen mit der Familie oder dem Freundeskreis keine Freude mehr. Das Interesse daran ist „verloren gegangen".

- **Antriebsmangel bzw. erhöhte Ermüdbarkeit:** Im Rahmen einer Depression ist der Antrieb häufig gestört, d. h. Betroffene können sich nur schwer aufraffen. Selbst die Erledigung alltäglicher Dinge wie einkaufen, aufräumen, arbeiten usw. kann große Überwindung kosten, schnell zu Ermüdung führen und zum Teil einfach auch nicht bewältigt werden. Die eingeschränkte Aktivität kann sich darüber hinaus in Gesichtsausdruck und Körperhaltung zeigen: Das Gesicht erscheint versteinert, die Bewegungen kraftlos.

- Auch das Treffen von Entscheidungen fällt schwer: Der Betroffene hat das Gefühl, es ist falsch, wofür er sich auch entscheidet.

Zusatzsymptome

- **Verminderte Konzentration und Aufmerksamkeit**: In einer Depression erreicht die Umwelt den an Depression Erkrankten nicht mehr richtig, die Dinge sprechen ihn nicht an. Deshalb können Betroffene sich oft nicht erinnern, was vor Kurzem passiert ist, und machen sich dann Sorgen, zum Beispiel an einer Alzheimer-Demenz erkrankt zu sein.

- **Vermindertes Selbstwertgefühl und Selbstvertrauen**: Bei einer Depression sind Selbstwertgefühl und Selbstvertrauen fast immer beeinträchtigt. Dies äußert sich zum Beispiel in einem permanenten „Herumnörgeln" an sich selbst.

- **Gefühle von Schuld und Wertlosigkeit:** An Depression erkrankte Menschen suchen die Schuld meist bei sich selbst, nicht bei den Familienmitgliedern, den Kollegen oder der Gesellschaft. Sie haben das Gefühl, die Fürsorge anderer gar nicht zu verdienen.

- **Negative und pessimistische Zukunftsperspektiven:** Depressionen sind immer von dem Gefühl begleitet, aus der Situation nicht mehr herauszukommen. Betroffene sehen häufig keinen Ausweg mehr.

- **Suizidgedanken/-handlungen:** Bei von Depression Betroffenen besteht häufig der Wunsch, der als aussichtslos und ausweglos empfundenen Situation irgendwie zu entkommen, bis hin zu dem Gedanken, sich etwas anzutun.

- **Schlafstörungen**: Auch Schlafstörungen, meist Einschlafstörungen und ein frühes Erwachen sind ein typisches Symptom einer Depression.

- **Verminderter Appetit**: Bei einer Depression ist oft auch der Appetit vermindert, das Essen schmeckt nicht mehr, was zu Gewichtsverlust führen kann.

Liegen über zwei Wochen oder länger mindestens zwei der drei Hauptsymptome und zusätzlich mindestens zwei Nebensymptome vor, wird die Diagnose Depression gestellt. Bei verschiedenen Betroffenen kann sich die Depression also unterschiedlich äußern und nicht immer sind alle Symptome vorhanden[73].

Unter https://www.therapie.de/psyche/info/test/depressionen/depression-test/#_ kannst du einen Depressions-Selbsttest machen. Dabei handelt es sich um eine

Selbstbeurteilungs-Depressions-Skala, die von dem Psychiater Dr. William W.K. Zung zur Aufdeckung und Quantifizierung depressiver Zustände entwickelt wurde[74]. In diesem Test findest du 20 Feststellungen über dein Befinden. Beantworte die Fragen hinsichtlich darauf, wie du dich während der letzten zwei Wochen gefühlt hast möglichst spontan. Wenn du anschließend auf „Abschicken" klickst, erhältst du direkt eine Testauswertung.

Viele Menschen, bei denen später eine Depression festgestellt wird, suchen zunächst wegen *körperlicher* Beschwerden einen oder mehrere Ärzte auf. Zu den körperlichen Anzeichen für eine Depression zählen beispielsweise Schlaf- oder Appetitstörungen, Kopfschmerzen oder Kreislaufbeschwerden, aber auch Rückenschmerzen oder Schwindelanfälle sind möglich.

Gleichzeitig können Schwindelanfälle jedoch als Symptom einer Panikattacke oder Angststörung auftreten.

ÄNGSTE - WENN DAS GLÜCK VERBORGEN BLEIBT

Angst gehört zum Leben. Jeder Mensch kennt dieses Gefühl. Es schützt uns in manchen Situationen und kann sogar lebensrettend sein. Bei einer Angststörung handelt es sich jedoch nicht um Angst vor einer echten Bedrohung. Wer davon betroffen ist, hat übersteigerte Angst oder fürchtet sich vor Dingen oder Situationen, die andere Menschen normal finden[75].

Angststörungen können mit körperlichen Anzeichen der Angst wie Herzrasen, Schwitzen, Zittern, Atemnot, Übelkeit, Brustenge und Schwindel einhergehen.

Es gibt verschiedene Arten von Angststörungen. Die häufigsten sind:

- Panikstörung: urplötzlich auftretende Angstanfälle, extreme Ängste wie Todesangst oder „Panikattacken", die meist nur einige Minuten andauern.

- Platzangst (Agoraphobie): Angst vor engen Räumen, Menschenmengen, weiten Plätzen.
- Generalisierte Angststörung: lang anhaltende Ängste und Sorgen, die zu Anspannung, innerer Unruhe und Nervosität führen.
- Soziale Phobie: Angst vor negativer Beurteilung durch andere Menschen.
- Spezifische Phobie: Angst vor einzelnen Dingen oder Situationen, die an sich nicht gefährlich sind, wie Spinnen, Spritzen oder dem Fliegen.

Wenn du an übersteigerten Ängsten oder an einer Angststörung leidest und sie dein Leben so massiv beeinträchtigen, dass ein „normales" Leben nicht möglich ist, solltest du darüber nachdenken, eine Psychotherapie zu machen.

Yoga kann eine Psychotherapie gezielt unterstützend begleiten, sowohl was die Verbesserung der körperlichen Anzeichen betrifft, als auch die psychischen und geistigen. Unabhängig von einer „klassischen" Psychotherapie kann Yoga als eigene Therapieform gelten, um Burnout, Depression oder Angst zu lindern.

YOGA ALS THERAPIE

Zahlreiche Studien belegen es: Yoga kann bei vielen psychischen Erkrankungen den Heilungsprozess unterstützen. Eine Meta-Analyse von 25 Studien des Instituts für Psychosoziale Medizin und Psychotherapie hat ergeben, dass die Wirksamkeit von Yoga bei psychischen Erkrankungen mit einer psychotherapeutischen Behandlung vergleichbar ist[76]. Je nach Schwere der Krankheit kann eine regelmäßige Yoga-Praxis eine Therapie sinnvoll ergänzen. Und das auf ganz verschiedenen Ebenen.

So geht eine psychische Erkrankung für Betroffene häufig mit einem Gefühl von Kontrollverlust einher. Hier kann das Üben von Asanas und Pranayama helfen: Die Erfahrung, dass man selbst sein Befinden durch die Yoga-Praxis unmittelbar beeinflussen sein, kann sehr befreiend sein. Gleichzeitig bietet Yoga mit der Konzentration auf den aktuellen Augenblick, das Hier und Jetzt, während der Zeit des Übens eine willkommene Loslösung von den dauernd um die Erkrankung kreisenden Gedanken. Das fünfte Glied von Patanjalis Pfad – Pratyahara, den Blick nach innen richten – kann dabei helfen, sich vom Außen und all den Dingen, die in der äußeren, materiellen Welt so wahnsinnig wichtig erscheinen, zu lösen – oder zumindest ein wenig zu distanzieren.

Die körperliche Aktivität und die Bewegung beim Yoga spielen natürlich auch eine Rolle. Im Gegensatz zum Joggen oder gar Sportarten, in denen es um Leistung und Wettkampf geht, hat Yoga eine spirituelle und philosophische Komponente, die Betroffene auf psychologischer beziehungsweise geistiger Ebene ansprechen und sie dabei unterstützen kann, die Sicht auf ihre Probleme zu verändern.

Gleichzeitig wirkt Yoga aber auch auf physischer Ebene auf den Hormonhaushalt. Während des Übens schüttet der Körper Serotonin, das „Wohlfühlhormon", aus, ebenso Dopamin, das für Antriebskraft und Motivation verantwortlich ist,

Noradrenalin, das Aufmerksamkeit und Konzentrationsfähigkeit steuert, und Endorphine, die als körpereigene Schmerzmittel agieren.

Mit der Integration der Yogapraxis in die Psychotherapie hat sich auch Amy Weintraub beschäftigt. An ihrem Ansatz ist besonders positiv, dass sie Yoga als Ganzes versteht. In ihrem Buch zeigt sie Übungen, die auf Yoga basieren und darauf abzielen, speziell Stimmungen positiv zu verändern. Dabei handelt es sich nicht um Asanas, sondern um Übungen und Strategien, die Yogis seit Tausenden von Jahren benutzen, um eine Balance der körperlichen und geistigen Systeme herzustellen. Weintraub zeigt Mudras, Mantras und Atemübungen sowie Vorstellungs- und Affirmationsarbeit und Meditationen (auch Yoga Nidra), um auf die Stimmung positiv einzuwirken, Angstzustände zu verringern und Depressionen günstig zu beeinflussen[77].

Jedoch ist nicht jede Yoga- oder Meditationspraxis für jeden geeignet – besonders bei einer psychischen Erkrankung. Deshalb hier noch einmal einige Hinweise, wie du den für dich und deine Bedürfnisse richtigen Yoga-Stil finden kannst:

YOGA UND MEDITATION BEI STRESS

Stress zählt zu den größten Krankheitsursachen unserer Zeit. Und dabei handelt es sich keinesfalls nur um ein gefühltes Phänomen: Stress findet auf körperlicher Ebene statt (siehe auch Kapitel **Yoga und Gesundheit**). Der Sympathikus steuert, wie wir bereits ausführlicher besprochen haben, verschiedene organische Strukturen im Falle einer (vermeintlichen) Bedrohung – unter anderem erhöht sich dann der Blutdruck, und das Stresshormon Cortisol wird vermehrt ausgeschüttet. Dieser „Kampf oder Flucht"-Reflex, der für den Menschen in der Steinzeit überlebenswichtig war, wird heute durch moderne Stressmomente hervorgerufen. Nur sind in der heutigen Zeit die nahende Deadline oder das ständig klingelnde Telefon selten lebensgefährlich – trotzdem schüttet unser Körper eine hohe Menge Cortisol aus, das unseren Organismus in ein ständiges

Stressgefühl versetzt. Die Folgen können erhöhter Blutdruck, Schlafstörungen und auch Gewichtszunahme sein. Ein stark erhöhtes Stresslevel kann im schlimmsten Fall Angstzustände oder einen Burnout auslösen.

Yoga schult die Achtsamkeit und stimuliert (laut Deepak Chopra „wie kaum eine andere Methode") den Parasympathikus, der für die Entspannung zuständig ist. Die Konzentration auf die Atmung hilft, mit Stress und Belastung besser umzugehen. Die in der Yogastunde erlernten Techniken kannst du dann auch im Alltag in belastenden Situationen anwenden. So signalisiert das bewusste und verlängerte Ausatmen dem Körper, dass er in Sicherheit ist. Das hilft dann, andere Stressreaktionen zu mindern.

Eine Studie der Harvard University zeigt, dass schon acht Wochen tägliche Meditationspraxis (im Durchschnitt 27 Minuten täglich) nicht nur das Wohlbefinden deutlich steigern kann, sondern auch das menschliche Hirn massiv verändern. Genauer gesagt verdichten sich die grauen Zellen im Hippocampus, dem Teil des Gehirns, der für Bewusstsein und Mitgefühl verantwortlich ist, drastisch. Die Zellendichte in der Amygdala, die mit Stress und Angst verknüpft wird, nimmt ab. Das senkt das Stresslevel spürbar[78].

Wenn also zu viel Stress dein Problem ist, solltest du eher auf Achtsamkeit und entspannenden Yoga setzen. Yin oder Restorative/Regenerierender Yoga sind vielleicht das Richtige für dich, ebenso wie eine regelmäßige Meditationspraxis.

YOGA UND MEDITATION BEI BURNOUT UND DEPRESSION

Die Zahl der Burnout-Erkrankungen stieg in den letzten Jahren derart an, dass die Störung zwar nicht als eigenes Krankheitsbild in die neue Fassung des weltweit anerkannten Klassifikationssystems für medizinische Diagnosen, der „International Statistical Classification of Diseases and Realted Health Problems" (ICD-11), aufgenommen, jedoch dort erstmals genauer definiert wird.

Dabei wird laut Weltgesundheitsorganisation (WHO) das Burnout-Syndrom als „Faktor, der den Gesundheitszustand beeinflusst", also als ein Risikofaktor zum Beispiel für eine Depression, angesehen. Und nicht selten mündet ein Burnout in eine Depression.

Die positive Wirkung von Yoga auf Patienten mit Depressionen konnte eine Studie der Boston University School of Medicine nachweisen: Die 34 Teilnehmer haben nach einer jeweils 60-minütigen Iyengar Yoga-Einheit zusätzlich Atemübungen ausgeführt und konnten nach einer Dauer von zwölf Wochen deutliche Linderung der Depressions-Symptome verspüren. Yoga und vor allem Meditation erhöhen die Dopamin-Ausschüttung und wirken so der niedrigen Konzentration von Dopamin bei einer Depression entgegen. Genau das ist auch der Ansatz vieler Psychopharmaka – Yoga kann also wie ein Antidepressivum wirken.

Auch Forscher der Harvard University in Massachusetts und der Columbia University in New York stellten bei einer Untersuchung fest, dass Yoga die negativen Auswirkungen von Depressionen vermindert. Zeigten Studien bisher, dass Yoga die Produktion des Neurotransmitters Serotonin, der als Stimmungsstabilisator gilt, im Gehirn erhöht, weisen die Ergebnisse dieser Studie darauf hin, dass viele Ärzte meinen, Yoga könnte ein Ersatz für Antidepressiva sein.

Eine effektive Behandlung von Depressionen kann eine teure und zeitaufwendige Therapie erfordern, erläutern die Mediziner. Dabei werden oft auch Medikamente zur Behandlung eingesetzt. Alleine in den USA werden jedes Jahr etwa 188 Millionen Rezepte für Antidepressiva verschrieben. Bis zu 50 Prozent der mit Antidepressiva behandelten Depressions-Patienten erreichen jedoch keine vollständige Heilung, fügen die Wissenschaftler hinzu. Sie halten die derzeitigen Behandlungen von Depressionen für nicht wirksam genug. Dies spreche für eine Unterstützung des Einsatzes von Yoga-basierten Interventionen als Ergänzung zur pharmakologischen Behandlung von Depressionen, erklären die Experten weiter. Eine solche Intervention habe auch den Vorteil, dass Nebenwirkungen von Medikamenten verringert oder ganz vermieden werden können[79].

Untersuchungen verglichen bereits die Ebenen der Aminosäure GABA in Menschen, welche regelmäßig Yoga praktizierten, mit Personen die etwa den gleichen Zeitraum mit Spazierengehen verbringen. Diese Aminosäure ist entscheidend für ein gut funktionierendes Gehirn und das zentrale Nervensystem, sagen die Mediziner. Wenn Menschen an Yogakursen teilnahmen, waren die Konzentrationen von GABA signifikant erhöht. Niedrige Ebenen von GABA werden mit der Entstehung von Depressionen und Ängsten in Verbindung gebracht, erläutern die Forscher.

Yoga ist also nachgewiesener Weise eine äußerst hilfreiche Unterstützung im Kampf gegen Burnout und Depressionen. Der Fokus der Yoga-Praxis für depressive Menschen sollte jedoch nicht zu sehr auf der Entspannung liegen, sondern eher auf dynamischen Elementen, bei denen die Bewegungen mit dem Atem koordiniert werden sollen. Für Depressive mit fehlendem Antrieb ist es also wichtig, eher Asanas, aktive Meditationen oder konzentrierte Atemübungen (Pranayama) zu üben als die reine Achtsamkeits-Meditation. Die Konzentration auf den Ist-Zustand könnte die Depression eher verstärken und so kontraproduktiv wirken. Deshalb sollten an Burnout- oder Depression-Erkrankte eher zum Beispiel Hatha oder Power Yoga ausprobieren.

YOGA BEI PSYCHOSOMATISCHEN SYMPTOMEN UND ÄNGSTEN

Sorgen und Ängste verursachen diverse Symptome im Körper. Je länger diese Emotionen anhalten, desto größer sind die Auswirkungen auf körperlicher Ebene. Angst wirkt sich in erster Linie im Brustkorb aus. Gefühlte Enge führt in der Regel zu flacherer Atmung und gegebenenfalls zu beschleunigtem Herz-Rhythmus. Pranayama und Asanas, die den Brustkorb weiten und die Zwischenrippen-Muskulatur dehnen, sind hilfreich in Lebensphasen, die psychosomatisch belastend sind und beugen sogar entsprechenden Symptomen vor (ein passender Asana hierzu wäre z. B. „der Fisch").

Leistungsdruck und Stress verursachen bekanntermaßen Verspannungen in der Muskulatur, häufig im Bereich des Schultergürtels. Alle Rückenmuskeln dehnende Asanas sind hilfreich und beugen sogar solchen psychosomatischen Reaktionen vor. Bewusstes Hineinspüren und Wissen darum, warum der Körper und auf was er mit Anspannung reagiert, fördert die Heilwirkung von Yoga.

Antipathie und Ablehnung sind Emotionen, die uns im Alltag vielerorts begegnen. Auch das Gefühl, einer Situation ausgeliefert zu sein, oder die gefühlten Zwänge am Arbeitsplatz oder im Privatleben, bei denen man manchmal keine Alternative sieht, fördern in uns einen Tunnelblick und manchmal ein Ohnmachtsgefühl. Hier können dir Asana-Varianten helfen, die die Wirbelsäule flexibilisieren.

Während der Praxis kannst du dir bewusst machen, dass es stets Optionen gibt, sich von Zwängen zu befreien, indem man sich beispielsweise metaphorisch zur Seite neigt, anstatt sich gegen den Wind zu stemmen und sich dazu zwingt, durchzuhalten. Bei Ängsten und körperlichen Symptomen können dir also Pranayama-Übungen und dehnende Asanas helfen, deine Muskeln und deine Psyche zu entspannen, Alternativen wahrzunehmen und deinen Mut fördern, eine scheinbar ausweglose Situation zu verlassen und etwas Neues auszuprobieren.

YOGA UND MEDITATION BEI SCHWEREN ERKRANKUNGEN DER PSYCHE

Vorsicht ist bei psychotischen Erkrankungen wie Schizophrenie oder einer bipolaren Störung geboten: Hier können Meditationen und Entspannungszustände schlimmstenfalls eine sogenannte psychische Dekompensation hervorrufen, durch die es zu einer akuten Symptomatik kommen kann. Bei solchen Erkrankungen leiden die Betroffenen häufig unter brüchigen oder schwachen Grenzen zwischen Innen und Außen, die durch stark nach innen führende Übungen kollabieren können. Dadurch können verdrängte Muster oder anderes psychisches Material wieder hervorgeholt werden[80]. Betroffene sollten also nur unter Anleitung eines erfahrenen Therapeuten Yoga praktizieren.

Bisher wird in Deutschland (Stand April 2020) Yoga nicht als Therapie von den gesetzlichen oder privaten Krankenkassen anerkannt und bezahlt. Jedoch werden im Rahmen von Prävention – also für gesunde Menschen bzw. vor Ausbruch einer Krankheit – Yogakurse von den gesetzlichen Krankenkassen finanziell unterstützt oder auch komplett übernommen. Unterstützung der Krankenkassen gilt immer dann, wenn der Yogalehrer und seine angebotenen Kurse eine Zertifizierung durch die Zentrale Prüfstelle für Prävention (ZPP) haben.

Therapeutischer Yoga bleibt derzeit Selbstzahlenden vorbehalten. Dabei kann Yoga nicht nur als begleitende oder unterstützende Maßnahme bei Erkrankungen helfen, sondern als eigenständige Therapie wertvolle Hilfe leisten. Durch Yoga erleben Kranke, dass sie „selbstwirksam" sind, d. h. sie werden durch ihr eigenes Zutun wieder gesund. Außerdem arbeitet Yoga auch mit Kontrolle: Die Kontrolle des Körpers in den Asanas und die Kontrolle des Atems während des Pranayamas sind wichtige Erfahrungen, die während der Yogapraxis gemacht werden. Und so hilft Yoga dabei, Kontrolle (wieder) zu erleben: Man ist seinen Belastungen und seiner Erkrankung nicht hilflos ausgeliefert.

Der Erfolg einer Yogatherapie erklärt sich sowohl über unspezifische, als auch über spezifische Wirkungen:

- Die unspezifischen Wirkungen resultieren einerseits wie bei Psychotherapien aus der therapeutischen Beziehung sowie der Entlastung, andererseits wirken die Bewegung und das Üben an sich, das Tun in Achtsamkeit sowie die Steigerung der Selbstwirksamkeitserwartung und -erfahrung.
- Die spezifischen Wirkungen resultieren aus der Körper- und Pranayama-Arbeit sowie aus der Meditation. Im Üben von Achtsamkeit Körperempfinden, Gedanken beobachten, Gefühle erspüren und gleichzeitig das Wechselspiel zwischen Umwelt und Innerem wahrnehmen, nimmt man

früher und bewusst seinen Stress wahr und kann im Alltag und mit Yoga entsprechend gegensteuern[81]. Dabei muss die gesamte Yogatherapie individuell angepasst sein, um richtig zu wirken.

Yoga bedeutet …
zu sich selbst (zurück) zu finden.
Durch fühlen, zulassen, beobachten und loslassen.
In Liebe und mit Wohlwollen.
Er bedeutet,
Ruhe und Gelassenheit wiederzufinden,
den Augenblick wahrzunehmen und präsent zu sein,
im Fluss zu sein,
sich als Teil eines größeren Ganzen zu erkennen,
Verbundenheit zu spüren und
sich aufgehoben zu fühlen.
Eins-Sein.
Freiheit.
Glück.
Liebe.

Seit 22 Jahren praktiziere ich nun Yoga. Dabei dachte ich ganz lange, Yoga ist gleichbedeutend mit Körperübungen oder Gymnastik. Erst als ich begann, mich mit der Yoga-Philosophie zu beschäftigen, spürte ich immer deutlicher, dass Yoga so viel mehr ist. Und so viel mehr kann.

Für mich ist er mittlerweile ein Lebensstil geworden, den ich mithilfe des achtgliedrigen Pfads von Patanjali versuche, in jedem Augenblick umzusetzen. Mit Achtsamkeit, Selbstreflexion, Wahrhaftigkeit, Mut, Vertrauen, Gewaltfreiheit und Veganismus, Minimalismus und dem einhergehenden Konsumverzicht. Hier und jetzt. Immer.

Vielleicht magst du dich ja auch auf den Weg machen …?

„Om Gam Ganapataye Namaha"
***
Gehe Neues beherzt an.
Wenn du Neues beherzt angehst,
werden gute Kräfte mit dir sein.

Die Fantastischen Vier haben schon 1995 die Essenz der Yoga-Philosophie in einem Song besungen:

Krieger

Der Schlafende muss erwachen!
Wahe Guru!
Wahe Guru!
Wahe Guru!
Wahe Guru!
Der Krieger erwacht, er wurde über Nacht zum Krieger gemacht.
Macht sich bereit, hat sich gedacht.
Wir haben die längste Zeit mit Warten verbracht.
Zeit mit Worten verbracht, es uns bequem gemacht.
Doch jetzt macht sich Zeitlosigkeit breit.
Der Schläfer erwacht und ist bereit.
Und befreit vom Raum lebt er in der Vision.
Durchschreitet Deinen Traum in geheimer Mission.
Und er kämpft, um die anderen aus ihrem Traum zu wecken.
Weil er weiß, dass in ihnen viele kleine Krieger stecken.
Und dennoch sagt er nicht, komm mit mir.
Er fragt nach Deinem Traum, fragt, warum bist Du hier.
Er hat die Macht der Magie, im Fluss der Zeit wird ihm klar.
Er nimmt mit allen seinen Sinnen seine Zukunft wahr.
Erweitert das Jetzt durch sein Bewusstsein und erfüllt vom Augenblick,
geht er den nächsten Schritt und weiß jetzt gibt es kein Zurück.
Denn jetzt wacht er auf, doch sein Traum geht weiter, weil der Zauber wirkt.
Er wacht auf und sein Traum geht weiter, weil sein Zauber wirkt.
Er wacht auf sein Traum geht noch weiter, als der Zauber wirkt.
Er wacht auf und weiß es.

Er wacht auf aus dem Traum, den das Kollektiv träumt.
Hat mit seinen alten Vorstellungen endlich aufgeräumt.

Ersetzt die Isolation und setzt an ihre Stelle.
Die Vision, dass wir eins sind auf einer Welle.
Denn das Leben ist ein Fluss, der fließen muss, lass ihn fließen.
Und der Krieger sagt entschieden, es wird Zeit, Dich zu entschließen.
Wer Du bist, wohin Du gehst, auf welcher Seite Du stehst.
Es wird Zeit, dass Du verstehst, dass Du am Rad der Zeit drehst.
Wir führen einen Fight, die meisten tragen ihn im Stillen aus.
Nur das Ergebnis quillt aus ihnen raus.

Und er kann es sehn, als Krieger fühlt er, es ist existent.
Jetzt, da er das Geheimnis kennt, spürt er im
Rhythmus den Zauber der Monotonie.
Und Energie wie noch nie ersetzt die Theorie.
Und ihm wird klar, Harmonie bringt die Kraft.
Sein Traum wird wahr, er hat es geschafft.
Jetzt wacht er auf, doch sein Traum geht weiter, weil der Zauber wirkt.
Er wacht auf, doch sein Traum geht weiter, weil sein Zauber wirkt.
Er wacht auf, sein Traum geht noch weiter, als der Zauber wirkt.
Er wacht auf.
Er wacht auf, doch sein Traum geht weiter, weil der Zauber wirkt.
Er wacht auf, doch sein Traum geht weiter, weil sein Zauber wirkt.
Er wacht auf, sein Traum geht viel weiter, als der Zauber wirkt.
Er wacht auf und weiß es!
Wahe Guru!
Wahe Guru!
Wahe Guru!
Wahe Guru!
Der Zauber der Musik gibt auch Dir die Kraft.
Geh den nächsten Schritt, dann hast Du's geschafft!
Der Krieger zeigt Dir ein Stück freies Land.
Einen Platz in Deinem Kopf, den er fand, und gibt Dir seine Hand,
die Du berührst und Du spürst, ihr seid eins, es geschieht
Ihr habt dieselbe Vision, jetzt siehst Du, was er sieht.

Und ihr seht Krieger überall und alle sind Dir bekannt.
Jedes Gesicht, jede Geschichte ist mit Dir verwandt.
Sie kämpfen für das Leben, Krieger sind deswegen hier.
Leben für den Traum und alle sind ein Teil von Dir und geben Dir ein Gefühl wie ein Schild, Du hast es lange vermisst,
dass so lange Du kämpfst, Du nicht alleine bist.
Tritt in den Kreis und mach wahr, was Du weißt.
Und die Erkenntnis bringt die Kraft, mit der Du Dich befreist.
Und dabei frei von Angst ganz gelöst.
Erlöst, was in Dir döst.
Denn dann wachst Du auf und Dein Traum geht weiter, weil Dein Zauber wirkt.
Du wachst auf, doch dein Traum geht weiter, weil der Zauber wirkt.
Du wachst auf, doch geht Dein Traum weiter, als der Zauber wirkt.
Wachst du auf und weißt es.
Du wachst auf und Dein Traum geht weiter, weil der Zauber wirkt.
Du wachst auf und Dein Traum geht weiter, weil der Zauber wirkt.
Du wachst auf, doch geht Dein Traum weiter, als der Zauber wirkt.
Wachst Du auf und weißt es.

Inhale. Exhale.

ÜBER MICH

Als Heilpraktikerin (Psychotherapie) und Yoga-Therapeutin habe ich mich auf die Unterstützung von Menschen mit Depression, Burnout, Ängsten und Ernährungsproblemen spezialisiert. Ich biete eigene Yoga-Klassen für Anfänger*innen und Fortgeschrittene, aber auch zur Gesundheitsförderung in Unternehmen, Vereinen und Bildungseinrichtungen in Köln an. Darüber hinaus leite ich Yoga-Retreats, -Reisen und -Workshops, lokal und global, zu Themen, wie Selbstliebe, Selbstfürsorge oder Burnout-Prävention, sowie vom Land NRW anerkannte Bildungsurlaube.

Zusätzlich biete ich neben Psycho- und Yoga-Einzeltherapie Meditation, Atemarbeit, Coaching sowie Einzel- und Kleingruppen-Supervision für Therapeut*innen und Lehrende an.

Ich bin
- Teil der „Yoga for Future"-Community
- Zertifizierte Hatha-Yogalehrerin und Yoga-Therapeutin seit 2019 (500 UStd.)
- Zertifizierte Hatha-Yogalehrerin seit 2018 (250 UStd.)
- Burnout-Yogalehrerin seit 2012
- Heilpraktikerin (Psychotherapie) seit 2011
- Seit einiger Zeit Veganerin und begeisterte Yogini seit 1998 ♥
- (Hoffentlich) bald Besitzerin eines Tiny Houses mit Wohnsitz in Köln direkt am Rhein
- Mitglied im VFP – Verband Freier Psychotherapeuten, Heilpraktiker für Psychotherapie und Psychologischer Berater e.V.
- Mitglied in der Deutschen Gesellschaft für Yogatherapie e.V. (DeGYT)
- Mitglied der C. G. Jung-Gesellschaft Köln e.V.
- Mitglied im NABU e.V.

MEIKE NACHTWEY
PEACE LOVE HAPPINESS HATHA

HEILPRAKTIKERIN (PSYCHOTHERAPIE)
YOGA-LEHRERIN & -THERAPEUTIN (DeGYT)

0177 864 66 94
YOGA@FRAUNACHTWEY.DE
WWW.FRAUNACHTWEY.DE

DIE BEKANNTESTEN YOGA-STILE

Der neuzeitliche, körperbetonte Yoga entstand erst Anfang des 20. Jahrhunderts. Hier mischten sich zu den traditionellen Yoga-Meditationslehren aus Indien gymnastische und sportliche Übungen aus Europa und den USA. Mittlerweile gibt es unzählige Yogarichtungen und Stile, von meditativ bis sportlich-dynamisch, von traditionell bis modern und von präventiv bis therapeutisch, sodass es für Yoga-Interessierte und -Neulinge nicht einfach ist, darunter den für sie und ihre Zwecke und Ziele „richtigen" Yoga auszumachen.

Falls du dich nach dem Lesen dieses Buchs noch nicht entscheiden konntest, in welche Richtung es dich beim Yoga zieht, findest du hier noch eine Auflistung der modernen, mittlerweile etablierten Yoga-Stile[82]. Lies sie dir in Ruhe durch und schaue, welcher dieser Stile dir gefallen könnte.

ACROYOGA

AcroYoga wurde 2003 von Jason Nemer und Jenny Sauer-Klein in Kalifornien begründet. Verbunden werden die spirituelle Weisheit von Yoga, die liebende Güte von Nuad (Thai Yoga-Körperarbeit) und die dynamische Kraft der Akrobatik. Gemeinsam bilden diese drei traditionellen Linien die Wurzeln von AcroYoga, die Vertrauen, Verbundenheit und Verspieltheit fördern. Ziel von AcroYoga ist, Individuen in einen Zustand der Einheit mit sich selbst, mit anderen und mit dem Göttlichen zu bringen.

AERIAL YOGA / ANTIGRAVITY YOGA

Fliegender Yoga oder Anti-Schwerkraft Yoga genannt, verbindet Yoga mit Luftakrobatik, Gymnastik, Tanz und Pilates. Bei dem vom New Yorker Christopher Harrison 2008 gegründeten Antigravity® Yoga hängen die Teilnehmer an einem elastischen Trapeztuch von der Decke.

ANUSARA YOGA

Vom Amerikaner John Friend 1997 begründeter Yogastil. Anusara = „Folgen, Nachfolgen" oder „natürlicher Zustand". Anusara Yoga vereint mehrere klassische Yoga-Ansätze: Hatha Yoga (Fokus Körper/Atmung), Jnana Yoga (Fokus Geist/Weisheit/Wissen), Bhakti Yoga (Fokus spirituelle Hingabe). Ziel ist eine freudige, einem „dem Herzen folgende" Yogapraxis, um „im Einklang mit dem Körper die innere Schönheit zu erleben". Asanas werden „herzorientiert" ausgeführt und finden ihren Ausdruck „von innen nach außen". Yogaübende sollten die Liebe in ihrem Herzen finden und den universellen Fluss des Lebens erkennen.

ASHTANGA-VINYASA YOGA

Der Inder Sri Krishna Pattabhi Jois (1915-2009) entwickelte eine sehr kraftvolle und dynamische Form des Hatha Yoga. Es werden vorgegebene, sehr fordernde dynamische Reihen im indischen Stil geübt, die einzelnen Asanas oft durch Sprünge miteinander verbunden und mit der sog. Ujjayi-Atmung (Kehlkopfritzenatmung) verknüpft. Diese Atmung erzeugt innere Hitze, wirkt schweißtreibend und entgiftet so den Körper.

BIKRAM YOGA

Bikram Yoga wird bei 40-41 Grad und 40 % Luftfeuchtigkeit praktiziert. Es besteht aus einer Abfolge von 26 Hatha Yogaübungen und zwei Atemübungen. Diese 26 Übungen wurden vom indischen Yogameister Bikram Choudhury ausgewählt und zusammengestellt. Es ist ein sportliches und forderndes Yoga und soll die physische Körperkraft, Flexibilität und Balance verbessern und durch Schwitzen den Körper entgiften.

FORREST YOGA

Forrest Yoga wurde von der Amerikanerin Ana Forrest begründet und basiert auf traditionellem Hatha Yoga, den sie weiterentwickelte. Die Eckpfeiler von Forrest Yoga sind: Atem, Stärke, Integrität und „Spirit". Leidenschaftliche, intensivste Übungssequenzen führen dabei tiefer, auch zu möglichen körperlichen und emotionalen Verletzungen. So kann der eigene Spirit mit „nach Hause gebracht" werden. Genutzt werden Hitze, Tiefenatmung und dynamische Körperübungen. Gift- und Schadstoffe werden so ausgeschwitzt, die Sauerstoffversorgung und damit auch die Regeneration verbessert. Forrest Yoga erfordert keine besondere Kraft oder Flexibilität, es bedarf nur der Bereitschaft sich einzulassen, zu lernen, sich authentisch zu fühlen und darauf ehrlich zu reagieren.

HORMONYOGA

Die brasilianische Psychologin und Yogalehrerin Dinah Rodrigues entwickelte in den 1990er Jahren das sog. „Hormonyoga". Sie kombinierte Trainingszyklen mit Übungen aus dem Hatha Yoga, dem Kundalini Yoga und tibetischen Energieübungen. Gezielt werden Eierstöcke, Schilddrüse und Nebennieren stimuliert, um die Hormonproduktion anzuregen. Hormonyoga soll nicht nur im Klimakterium und bei Wechselbeschwerden helfen, sondern wird auch bei Frauen mit Kinderwunsch eingesetzt.

INTEGRALER YOGA

Diese von Swami Satchidananda (1914-2002), Schüler von Swami Sivananda, entwickelte Form des Yoga vereint Körperhaltungen, Tiefenentspannung, Atemübungen und Meditation sowie positives Denken. Ein in der indischen Tradition verwurzelter, eher geistiger Weg, in dem mehr Wert auf eine ruhige, meditative Stimmung, als auf Exaktheit und Genauigkeit in den Asanas gelegt wird.

IYENGAR YOGA

Der Inder B.K.S. Iyengar (sprich: Aiyengar) lebte von 1918 bis 2014 und begründete diesen kraftvollen Yoga-Stil, der auch als körperbetonte Yogatherapie verstanden werden kann. Iyengars langjährige Beschäftigung mit Ausführung und Wirkung von Körperhaltungen und Atemübungen führten zu einer weltweiten Verbreitung dieses Stils.

Iyengar Yoga erlaubt auch im Gruppenunterricht ein individuelles Eingehen auf die Bedürfnisse der Übenden. Typisch ist die Verwendung von Hilfsmitteln, wie z. B. Gurten, Klötzen, usw. und bei Bedarf werden die Übungen in Zwischenschritte aufgeschlüsselt. Genaue Beobachtung, Anweisung, Korrektur und ein didaktisch gut durchdachter Unterrichtsstil bringen Übende in exakte Positionen.

JIVAMUKTI YOGA

Wurde von der Tänzerin Sharon Gannon und dem Künstler David Life in den 80er Jahren in New York entwickelt. Jivamukti heißt übersetzt so viel wie „die Befreiung der Seele" und ist eine moderne Form des Hatha Yoga. Ineinanderfließende tänzerische Körperübungen wechseln mit Gesängen und spezieller Atemtechnik. Ziel ist es, mentale Stärke und Ausgeglichenheit zu entwickeln.

KRIPALU YOGA (AUCH AMRIT YOGA GENANNT)

Dieser Stil wurde vom Inder Amrit Desai begründet. Grundlage sind sanfte Körperübungen, unterstützt durch fließendes Atmen. Das eigentliche Ziel dieses Stils ist das Kultivieren eines distanzierten und bewussten Gewahrseins des dabei ablaufenden Prozesses. Wichtig sind Selbst-Akzeptanz und emotionale Stabilität. Praktische Übungen spielen zwar eine wichtige Rolle, die äußere Vervollkommnung von Körperhaltungen oder Atemtechniken sind eher sekundär.

KRIYA YOGA

Kriya Yoga ist der erste Teil des „Achtgliedrigen Pfads des Patanjali". Er besteht nicht nur aus Körper-, Atemübungen und Reinigungstechniken, sondern lehrt auch den Umgang mit der Umwelt, mit sich selbst und den Sinnen.

Gleichzeitig bezeichnet Kriya Yoga eine sehr alte indische Übungsmethode, in der Meditation mit Schwerpunkt auf Geistesschulung praktiziert wird. Bekanntester Vertreter war der Inder Paramahansa Yogananda (1893-1952).

LUNA YOGA

Ein junger, im Westen entstandener Stil. Er verbindet traditionelle Techniken aus Yoga, Tantra und Ayurveda mit modernen Körpertherapien. Der Fokus liegt in der individuellen und kreativen Gestaltung der Übungen, die speziell auf die Gesundheit und das harmonische Funktionieren der Beckenorgane einwirken. Aviva Steiner, eine ehemalige Tänzerin ungarischer Abstammung in Israel, entdeckte 1971, dass bestimmte Bewegungen den Menstruationszyklus beeinflussen. Adelheid Ohlig, Yogalehrerin und Journalistin, erweiterte die Methode und baute sie um 1982/83 zum Luna Yoga aus.

POWER YOGA

Power Yoga wurde vom Amerikaner Bryan Kest begründet und ist ein kraftvoller, intensiver durch längeres Halten der Yogapositionen geprägter Yoga-Stil. Es werden einfache Positionen mit Fokus auf Aufbau von Koordination, Atmung und Bewegung, Kraft und Balance geübt.

PRANA FLOW

Prana Flow ist eine energetische, transformierende Form und Weiterentwicklung des Vinyasa Flow Yoga durch die amerikanische Yogalehrerin Shiva Rea. Eine Yogaeinheit ist in mehrere Teilsequenzen eingeteilt. Ziel ist durch fließende, dynamische Bewegungen das innere Feuer (Agni) zu stärken, sich immer tiefer zu öffnen und sich bei grooviger Musik mit dem eigenen Körper auszudrücken.

SATYANANDA YOGA

Diese von Paramahamsa Satyananda Saraswati (1923-2009) entwickelte Yogarichtung, auch als Bihar Yoga bekannt, ist ein integrales und wissenschaftlich orientiertes System, das Menschen auf dem Weg der Selbsterkenntnis und Selbstfindung methodisch und holistisch unterstützt. Er vereint in sich die Weisheit der drei alten Traditionen Vedanta, Tantra und Yoga und basiert auf der Synthese von Techniken der traditionellen Yoga-Zweige. Satyanandas Yoga Nidra (yogische Tiefenentspannungsmethode) ist eine der wichtigsten Techniken des Bihar Yoga bzw. Satyananda Yoga.

SIVANANDA YOGA

Die Sivananda Yoga Vedanta Zentren wurden von Swami Vishnudevananda (1927-1993) gegründet, ein Lehrer des Hatha und Raja Yoga und enger Schüler des Yogameisters und Arztes Swami Sivananda (1887-1963). Gelehrt wird weltweit, seit ca. 50 Jahren, klassischer Yoga mit ganzheitlichem Ansatz: Körper- und Atemübungen, Tiefenentspannung, Ernährung, positives Denken und Meditation. Eine praktische Methode, die für alle Lebensstufen geeignet ist. Sie fördert körperliche und geistige Gesundheit: Fitness und Beweglichkeit, Konzentration, Stressbewältigung und Ausgeglichenheit.

THERAPEUTISCHER YOGA / YOGATHERAPIE

Im Therapeutischen Yoga werden klassische Yoga-Techniken (vorwiegend in Einzeltherapie) bei konkreten psychischen und körperlichen Beschwerden eingesetzt. Ausgewählte Atem-, Bewegungs-, Entspannungs- und Meditationsübungen werden den individuellen Bedürfnissen der Personen angepasst. Ziel der therapeutischen Yogapraxis ist es, psychische Leiden zu lindern und bei Schmerzen oder körperlichen Einschränkungen gezielt zu helfen, eine bestimmte Symptomatik zu verbessern und die Selbstheilungskräfte zu aktivieren.

VINI YOGA / YOGA IN DER TRADITION T. KRISHNAMACHARYA

Der Inder Sri Tirumalai Krishnamacharya (1888-1989) war der Lehrer vieler Yogalehrerinnen- und Lehrer, die heute im Westen bekannt sind, so zum Beispiel von B.K.S. Iyengar (1918-2014), Sri Krishna Pattabhi Jois (1915-2009), A. G. Mohan (*1945) uvm. Sein Sohn T.K.V. Desikachar (1938-2016) setzte die Tradition fort.

Atmung und Bewegung werden bei diesem Yoga-Stil präzise koordiniert, in fließenden Abläufen (dynamisches Üben) und ruhigen Haltungen (statisches Üben), je nach Situation und Sinn der Praxis. Philosophie, Reflexion, Meditation haben ihren Platz. Die individuelle Anpassung der Praxis an die Bedürfnisse der Gruppe oder des Einzelnen sind ein besonderes Merkmal dieser Art zu üben. Dementsprechend wird der Einzelunterricht sehr hoch geschätzt.

VINYASA-(FLOW-)YOGA

Sanskrit: vinyasa = Bewegung, Stellung, Verbinden

Vinyasa-Flow Yoga ist ein dynamischer Yoga-Stil, bei dem Körperhaltungen (Asanas) fließend mit bewusster Wahrnehmung des Atems (Ujayi-Atmung) verbunden werden. Der Vinyasa-Flow (meist eine mehrmals wiederholte Abfolge aus drei Asansas – Brett, Chaturanga und nach oben schauender Hund – erzeugt innere Hitze, die die Muskeln geschmeidig werden lässt und das Nervensystem reinigt, während die Körperzellen reichlich Sauerstoff und Energie erhalten. Der Fokus liegt auf gesteigertem Tempo mit Konzentration auf Atmung und Bewegung.

YIN YOGA

Yin Yoga ist ein ruhiger Yoga-Stil und das Gegenstück zum yang-orientierten aktiven Ashtanga Yoga. Die Yoga-Positionen werden ohne aktive Muskelkraft (so passiv wie möglich) über einen längeren Zeitraum (3 bis 5 Minuten) gehalten. Dabei geht die Dehnung in tiefere Körperschichten und so werden verklebte Faszien (Bindegewebe) auf sanfte Weise gelöst. Bekannte Yin Yoga-Lehrende sind die Amerikanerin Sarah Powers und Paul und Suzee Grilley.

YOGA IM TÄGLICHEN LEBEN

Dieser wurde von Paramhans Swami Maheshwarananda unter Beibehaltung der authentischen Yogatradition entwickelt und bietet ein abgestimmtes achtstufiges System, das seit Jahrzehnten weltweit gelehrt und geübt wird. Asanas, Pranayamas und Meditation sind methodisch angeordnet und bieten eine gute Wirkung für Körper, Geist und Seele. Besonderes Augenmerk liegt auf der Koordination von Atem und Bewegung. Am Beginn und am Ende jeder Übungsstunde sowie zwischen den einzelnen Übungen werden Entspannungsphasen eingehalten. Pranayama und Meditation schließen die Einheit ab. Yoga-Philosophie, Wissen um Chakras und Mantras, Yoga Nidra, Hatha Yoga-Kriyas (Reinigungstechniken) sowie Spezialkurse gegen Rückenschmerzen, für Gelenke, bei Diabetes, Antistress und vegetarische Kochkurse sind Teile dieses Yogastils.

YOGALATES, YOGILATES UND YOLATES

Yogalates ist eine Kombination aus Yoga und Pilates. Meist beginnt eine Einheit mit Yoga, dann folgen kräftigende Pilatesübungen (Stärkung des sog. Powerhouses, der Muskulatur der Körpermitte wie innerer Bauchmuskel, Beckenboden), die Stunde klingt mit Yogaübungen aus. Erfunden wurde Yogalates vom Amerikaner Jonathan Urla, der den Begriff „Yogilates" 1997 schützen ließ.

Ein weiterer ähnlicher Begriff ist Yolates. Ebenfalls aus Yoga und Pilates bestehende Methode, die von der Österreicherin Dr. Irmina Boltenstein (Wien) mit einer spirituellen Komponente versehen wurde. Sie sieht darin eine energetische Körperarbeit, um psychische und körperliche Blockaden zu erkennen und bewusst aufzulösen. Meist wird im Einzelunterricht geübt.

WICHTIGE YOGA-BEGRIFFE: SANSKRIT-DEUTSCH

Atman – das wahre Selbst
Brahman – das absolute alldurchdringende Göttliche
Jiva – die Individuelle Seele
Upadhi – das Gefährt, die Körper
Jagad – das manifeste Universum
Ishwara – das Göttliche mit Formen und Eigenschaften
Bhagavan – Gott als Persönlichkeit
Maya – die Kraft Illusion
Avidya – die Unwissenheit
Kosha – Hülle
Sharira – Körper
Anamaya – aus Nahrung
Pranamaya – aus Lebensenergie
Manomaya – aus Geist
Vijnanamaya – aus Erkenntnis
Ananadamaya – aus Wonne
Sthula – grob
Sukshma – fein
Karana – ursächlich
Antahkarana – inneres Instrument
Manas – niederer Geist
Buddhi – Unterscheidungskraft
Ahamkara – Der Ichmacher, das Ego
Chitta – das Unbewusste, Geistmaterie
Indiryas – Organe
Karmendriyas – Handlungsorgane
Jnanendriyas – Wahrnehmungsorgane
Sat – Sein, Wahrheit

Chid – Wissen, Bewusstsein

Ananda – Glückseligkeit, wunschlose Freude

Jnana – Wissen, Erkenntnis

Bhakti – Hingabe

Raja – König, Königsweg

Karma – Handlung

Hatha – Anstrengung, Sonne und Mond

Kundalini – aufgerollte Schlange, Energiepotenzial

Ashtanga – die acht Glieder

Yamas – Regeln im Umgang mit anderen

Niyamas – Regeln im Umgang mit sich selbst

Ahimsa – nicht verletzen, gewaltlos

Sathya – wahrhaftig

Asteya – nicht Stehlen

Brahmacharya – Gott kennen, enthaltsam sein

Aparigraha – nicht gierig sein

Saucha – Reinheit

Santosha – Zufriedenheit

Tapas – inneres Feuer, Askese

Svadhyaya – Selbststudium

Ishwara Pranidhana – Gottvertrauen

Asana – Körperhaltung

Pranayama – Atemübungen, Kontrolle der Lebensenergien

Pratyahara – nach Innenkehren der Sinne

Dharana – Konzentration

Dhyana – Meditation

Samadhi – Überbewusstsein

Nirvikalpa – Samenlos (Samadhiart)

Samsara – Kreislauf der Wiedergeburten

Moksha – Befreiung

Kaivalya – Erlösung, vollkommene Bewusstheit

Jivanmukti – befreites Individuum

Vritti – Gedankenwelle

Samskara – Bündel von Konditionierungen
Vasana – Gedankenprogramm
Nadi – Energiebahn
Chakra – Rad, Bewusstseins- und Energiezentrum
Sushumna – Hauptenergiebahn in der Wirbelsäule
Ida – Energiebahn der Mondenergie
Pingala – Energiebahn der Sonnenenergie
Prana – Lebenskraft
Ojas – spirituelle Kraft
Anuloma Viloma – Wechselatmung
Nadi Shodhana – Reinigung der Energiebahnen
Kapalabhati – Scheinender Schädel, Stoßatem, Feueratem
Mudra – Energiesiegel
Bandha – Energieschleuse
Bija – Samen, Saat
Mantra – energetische Klangschwingung
Saguna – mit Eigenschaften
Nirguna – ohne Eigenschaften
Tamas – Trägheit, Dunkelheit
Rajas – Aktivität, Ruhelosigkeit
Sattva – Reinheit, Klarheit
Sankalpa – Intention
Trikuti – 3. Auge
Muladhara – Wurzelchakra
Svadhistana – Sakralchakra
Manipura – Sonnengeflechtschakra
Anahata – Herzchakra
Vishuddha – Kehlchakra
Ajna – Kopfchakra
Sahasrara – Kronenchakra
Guru – spiritueller Lehrer
Prem – kosmische, bedingungslose Liebe
Bhava – Gefühl, Einstellung

Atha – jetzt, nun
Kriya – Handlung
Sankhya – Aufzählung, Philosophiesystem
Vedanta – Ende des Wissens, Philosophiesystem
Artha – Wohlstand, Sicherheit
Kama – Sinnesvergnügen
Dharma – Rechtschaffenheit, Lebensaufgabe, Gesetzmäßigkeit
Viveka – Unterscheidungskraft
Vairagya – Losgelöstheit
Abhyasa – Anstrengung, Bemühen
Raga – Zuneigung, etwas haben wollen
Dvesha – Abneigung, etwas nicht haben wollen
Nitya – ewig
Ananta – unendlich

QUELLEN- UND LITERATURVERZEICHNIS

[1] www.stiller-aufstand.de

[2] Traditionelle indische Philosophie-Systeme: Nyaya: Schule der Logik und Erkenntnistheorie, Vaisheshika: naturphilosophische Lehre, Sankhya: dualistische Erlösungsphilosophie, Yoga: praktischer Erlösungsweg, Purva Mimansa: Ritualistik und Erkenntnisphilosophie, Vedanta (Uttara Mimamsa): monistische Erlösungsphilosophie

[3] GEO 06 (2013). Was Yoga kann.

[4] www.yogaeasy.de

[5] Wolz-Gottwald, E. (2016). Die Yoga-Sutras im Alltag leben.

[6] Übersetzung von der Sanskritschrifttums-Expertin Prof. Dr. Bettina Bäumer, ehemalige Forschungsdirektorin an der Alice-Boner-Stiftung in Varanasi.

[7] Wolz-Gottwald, E. (2016). Die Yoga-Sutras im Alltag leben.

[8] Mitzinger, D. (2013) Yoga in Prävention und Therapie.

[9] Mittag, M. (2018). Hatha Yoga.

[10] Dhauti: Reinigung des Magens und Kontrolle des Würgereizes, Basti: Reinigung des Darms, Neti: Reinigung der Nase und Kontrolle des Nießreizes, Trataka: Reinigung der Augen und Kontrolle des Zwinkerreflexes, Nauli: Anregung des Verdauungsfeuers zur Reinigung des Darms, Kapalabhati: Beseitigung von Schleim und Kontrolle des Körpers.

[11] www.yogaeasy.de

[12] Die folgenden Ausführungen zu den verschiedenen Yoga-Pfaden sind der Internetseite der Deutschen Akademie für traditionelles Yoga entnommen: www.traditionelles-yoga.de.

[13] www.yoga.de/yoga-als-beruf/yoga-in-zahlen/yoga-in-zahlen-2018/

[14] www.yoga.de/yoga-als-beruf/yoga-in-zahlen/yoga-in-zahlen-2018/

[15] In: Deutsches Ärzteblatt, 25. März 2016, S. 195 ff.

[16] Granath, J., Ingvarsson, S. von Thiele, U., Lundberg, U. (2006). Stress Managment: A Randomized Study of Cognitive Behavioural Therapy and Yoga. Cognitive Behaviour Therapy, S. 3-10.

[17] Sarang, P., Telles, S. (2006). Effects oft wo yoga based relaxation techniques on heart rate variability (HRV). International Journal of Stress Management, S. 460-475.

[18] Das neuroendokrine System fasst alle Zellen, Organe oder Organbestandteile zusammen, die an der Prozessierung und Sekretion von Neurohormonen beteiligt sind.

[19] Brown, R.J., Gerbarg, P.L. (2005). Sudarshan Kriya yogic breathing in the treatment of stress, anxiety and depression: part I – neurophysiologic model. Journal of Alternative and Complementary Medicine, S. 189-201.

[20] Vera, F.M., Manzaneque, J.M., Maldonado, E.F., Carranque, G.A., Rodriguez, F.M., Blanca, M.J. & Morell, M. (2009). Subjective Sleep Quality and hormonal modulation in long-term yoga practitioners. Biological Psychology, S. 164-168.

[21] In: Deutsches Ärzteblatt, 25. März 2016, S. 195 ff.

[22] Foucault, M. (2016). Hermeneutik des Subjekts. Vorlesungen am Collège de France (1981/82).

[23] Wiedinger, N. (2011). Ökonomie der Selbsterkenntnis. Vortrag auf dem 22. Kongress für Philosophie 2011 in München.

[24] WHO (2014). Self care for health. http://apps.who.int/iris/handle/10665/205887

[25] Sir Charles Spencer „Charlie Chaplin jr." war ein britischer Schauspieler, Regisseur, Drehbuchautor, Schnittmeister, Komponist, Filmproduzent und Komiker. Chaplin gilt als erster Weltstar des Kinos und zählt zu den einflussreichsten Komikern der Filmgeschichte.

[26] Die Maslowsche Bedürfnishierarchie, bekannt als Bedürfnispyramide, ist ein sozialpsychologisches Modell des US-amerikanischen Psychologen Abraham Maslow (1908–1970). Es beschreibt auf vereinfachende Art und Weise menschliche Bedürfnisse und Motivationen (in einer hierarchischen Struktur) und versucht, diese zu erklären.

[27] Unser Körper ist darauf ausgelegt, einen Zustand des Gleichgewichts aufrechtzuerhalten. Er versucht, die richtige Temperatur, die richtigen Mengen Sauerstoff und Kohlendioxid, einen ausgeglichenen Säure-Basen-Haushalt, die richtige Menge Schlaf und noch einiges mehr aufrechtzuerhalten. Der medizinische Fachbegriff hierfür ist Homöostase.

[28] Prof. Ingo Fietze, Leiter des interdisziplinären Schlafmedizinischen Zentrums der Charité in Berlin, in einer Pressemeldung der Deutschen Presseagentur (dpa), 13.12.2018.

[29] Siehe Kapitel **Einleitung: Der Weg des Yoga**

[30] Bardel, G. (2019). Yogakochbuch.

[31] Heckmann, I. (2017). Von der Kunst Yoga & Achtsamkeit im Alltag zu leben.

[32] www.bettinahielscher.de/selbstfuersorge-lernen

[33] Die allermeisten Ausführungen zu Patanjalis Yoga Sutras habe ich dankbar dem Buch *Die Yoga-Sutras im Alltag leben* von E. Wolz-Gottwald entnommen, das in verständlicher und nachvollziehbarer Weise die Yoga Sutras erklärt und interpretiert und für einen modernen Yogi alltagstauglich deutet.

[34] Wolz-Gottwald, E. (2016). Die Yoga-Sutras im Alltag leben.

[35] Wolz-Gottwald, E. (2016). Die Yoga-Sutras im Alltag leben.

[36] de.wikipedia.org/wiki/Flow

[37] Wolz-Gottwald, E. (2016). Die Yoga-Sutras im Alltag leben, S. 149.

[38] Die Deutsche Rentenversicherung registriert in den vergangenen zehn Jahren eine besonders starke Zunahme psychischer Erkrankungen: 2018 wurden über 170.000 stationäre Rehabilitationen wegen psychischer Krankheiten bewilligt, über 50.000 mehr als zehn Jahre zuvor. Das entspricht einem Anstieg von 40 Prozent. Pressemeldung der Deutschen Presseagentur (dpa), April 2019.

[39] GEO WISSEN Nr. 63 (2019): Strategien gegen Burnout.

[40] Prof. Dr. Gert Kaluza ist Diplom-Psychologe und psychologischer Psychotherapeut. Er ist als Trainer, Coach und Autor im Bereich der individuellen und betrieblichen Gesundheitsförderung tätig.

[41] www.neurologen-und-psychiater-im-netz.org

[42] Yoga aktuell Spezial Nr. 8: Yogatherapie & Heilung.

[43] Kok, B.E., Waugh, C.E., & Fredrickson, B.L. (2013). Meditation and Health: The Search for Mechanisms of Action. Social and Personality Psychology Compass, S. 27-39.

[44] Davidson, R.J., Kabat-Zinn, J., Schumacher, J., Rosenkranz, M., Muller, D., Santorelli, S.F., Sheridan, J.F. (2003). Alterations in Brain and Immune Function Produced by Mindfulness Meditation. Psychosomatic Medicine, S. 564-570.

[45] Siehe auch Kapitel **Der achtgliedrige Pfad von Patanjali**, *Asana* – der Umgang mit dem Körper.

[46] Mittag, M. (2018). Hatha Yoga. Das komplette Buch. S. 105 f.

[47] www.yogaeasy.de

[48] Long, R. (2012). Yoga Anatomie.

[49] Swami Satyananda Saraswati (1989). Asana Pranayama Mudra Bandha.

[50] www.epochtimes.de/gesundheit/meditation-baut-gehirnzellen-auf-a1307437.html

[51] www.yogaeasy.de

[52] Ein Forscherteam um Robert H. Schneider von der Maharishi University in Fairfield untersuchte, wie sich Meditation auf den **Blutdruck** auswirkt. Sie teilten Patienten mit Herzkrankheiten zufällig einer Meditationsgruppe oder einer Gruppe mit Gesundheitsbelehrungen zu. Das Ergebnis sprach eindeutig für die Meditationsgruppe. Hier gab es eine 48%ige Reduktion des Risikos für Herzinfarkte und Schlaganfälle.

[53] Journal of Human Stress 5(4): 24–27, Harefuah, the Journal of the Israel Medical Association, 95(1): 1–2

[54] Amy B. Wachholtz und Kenneth I. Pargament: Migraines and meditation: does spirituality matter? In: Journal of Behavioral Medicine Volume 31, Number 4, 351-366

[55] Seligmann, M. (2012). Flourish – Wie Menschen aufblühen. Die Positive Psychologie des gelingenden Lebens.

[56] Trökes, A., Knothe, B. (2016). Yoga-Glück.

[57] Fredrickson, B. (2011). Die Macht der guten Gefühle. Wie eine positive Haltung Ihr Leben dauerhaft verändert.

[58] Trökes, A., Knothe, B. (2016). Yoga-Glück.

[59] Zu den physischen und psychischen Effekten der verschiedenen Yogahaltungen siehe auch Kapitel **Wie Yoga wirkt**.

[60] Trökes, A., Knothe, B. (2016) Yoga-Glück.

[61] www.zeitzuleben.de

[62] de.wikipedia.org/wiki/Bewusstseinszustand

[63] Alle Beschreibungen zu den Asanas wurden der Einfachheit halber dem Internetportal yogaeasy entnommen.

[64] Siehe auch in Kapitel **Was ist Yoga?** die etablierten Yoga-Stile.

[65] B. K. S. Iyengar (1966). Licht auf Yoga

[66] Kaminoff, L. (2013). Yoga Anatomie

[67] www.yogaeasy.de

[68] Siehe https://wiki.yoga-vidya.de/Wissenschaftliche_Studien und www.yoga-als-therapie.de/yoga-studien

[69] www.psychenet.de

[70] www.hilfe-bei-burnout.de

[71] Siehe Checkliste von Prof. Dr. Gert Kaluza in Kapitel **Yoga und Gesundheit**.

[72] Jacobi et al. (2016). Erratum zu: Psychische Störungen in der Allgemeinbevölkerung. Studie zur Gesundheit Erwachsener in Deutschland und ihr Zusatzmodul „Psychische Gesundheit" (DEGS1-MH). Nervenarzt, 87,88–90.

[73] www.deutsche-depressionshilfe.de

[74] Die Depressions-Skala ist entnommen aus ZUNG, W.W.K.: „A Self-Rating Depression Scale" aus Archives of General Psychiatrie (1965), Vol. 12: 63 - 70. Siehe auch www.thearpie.de.

[75] www.patienten-information.de

[76] Klatte, R., Pabst, S., Beelmann, A., Rosendahl, J. (2016). Wirksamkeit von körperorientiertem Yoga bei psychischen Störungen. Deutsches Ärzteblatt, S. 195-202.

[77] Weintraub, A. (2012). Yoga Skills for Therapists. Effective Practices for Mood Management.

[78] Die Mediziner veröffentlichten die Ergebnisse ihrer Studie in der Fachzeitschrift „The Journal of Alternative and Complementary Medicine", siehe www.liebertpub.com/doi/full/10.1089/acm.2016.0140

[79] Die Mediziner veröffentlichten die Ergebnisse ihrer Studie in der Fachzeitschrift „The Journal of Alternative and Complementary Medicine", siehe www.liebertpub.com/doi/full/10.1089/acm.2016.0140

[80] Unger, C., Hofmann-Unger, K. (1999). Yoga und Psychologie, S. 218.

[81] Dalmann, I., Soder, M. (2016). Heilkunst Yoga.

[82] www.yogaguide.at